MAGIC ENGLISH WRITING

10년 해도 안 돼?
돼지 영작문

MAGIC ENGLISH
10년 해도 안 돼? **돼지 영작문**

ⓒ최철 2004

초판 1쇄 발행일 2004년 1월 5일
초판 5쇄 발행일 2007년 11월 30일

지 은 이 최 철
펴 낸 이 이정원

펴 낸 곳 도서출판 들녘미디어
등록번호 10-156
주   소 경기도 파주시 교하읍 문발리 출판문화정보산업단지 513-9
전   화 (마케팅) 031-955-7374, (편집) 031-955-7381
팩시밀리 031-955-7393
홈페이지 www.ddd21.co.kr

저자의 허락없이 본문에 실린 내용을 무단복제하거나 전재할 수 없습니다.
잘못된 책은 구입하신 곳에서 바꿔드립니다.
ISBN 89-86632-99-3 (13740)

언제 오려나 그 어느 때는?

영어를 오랫동안 공부하지 않은 사람들에게는 어떤 책으로 어떻게 영어 공부를 시작해야 하는지가 굉장한 고민일 것이다. 어학원에서 회화 초급반이나 문법반으로 시작하는 사람들도 있고 막연히 기초 토익을 듣는 사람들도 있다. 하지만 많은 사람들이 경험했듯이 몇 달 지나지 않아 그만두는 경우가 많다. 그 이유는 여러 가지겠지만 대부분의 경우, 실력 향상이 느껴지지 않아서이다.

영어는 단기간에 얻어지는 것이 아니라는 것은 모두들 알고 있는 사실이다. 영어를 잘하는 사람들은 공통적으로 "어느 때가 되니까 나도 모르게 영어가 되더라"라는 말들을 한다. 그 '어느 때'가 되기까지는 영어를 공부하는 것이 어렵고 그에 따라 많은 인내와 노력이 필요하다. '어느 때'를 최대한 앞당기려면 영어의 생김새, 즉 영어의 구조를 이해하는 것이 가장 중요하다. 문법책을 공부해도 회화를 연습해도 영어의 구조를 배울 수 있지만, 가장 효과적인 학습 방법은 영작을 통해 영어의 생김새를 이해하는 것이다.

'아니, 영어를 못 하는데 무슨 영작을 하라는 건가?'라고 생각할 수 있다. 하지만 내가 하고 싶은 말은 영어의 구조를 익히기 위해 영어로 쓰면서 생각하는 방법이 효과적이라는 것이다.

그리고 영어로 글쓰기를 할 때에는 화려한 표현을 생각할 게 아니라 단어의 배치가 영어의 구조에 맞게 되었는지를 우선적으로 고려해야 한다. 그러고 나서 그 메시지를 영어로 구성할 때, 이렇게 할까, 저렇게 할까를 생각해야 한다.

이 책은 영작문의 구성 요소를 핵심 어휘와 간단한 문법적 요소로 접근하여 친절하게 해설했다. 그와 더불어 실전 작문을 통해 몸에 익히는 장치를 넣었다. 이런 효과에 힘입어, 영작문뿐만 아니라 기초적인 회화까지 가능해진다.

다시 한 번 강조하지만, 이 책은 영작문을 위한 영작문 책이 아니다. 한마디로 이 책은 실제 영어로 글을 쓰는 행위에는 부단한 노력이 필요하기 때문에 초간단 영작문 과정을 통해서 초심자가 영어에 대한 이해, 문법에 대한 이해, 영문 구성력에 대한 이해를 하도록 돕기 위한 것이다.

이 책을 통해서 영어로 간단히 사고하기를 배워서 실용적인 영작과 회화에 응용해보라. 아기가 2~3세가 되어야 말문을 본격적으로 트는 것처럼, 영어로 문장을 만드는 초기 과정이 어려운 것이지, 일단 글이든 말이든 터지기 시작하면, 그 다음에는 자신의 메시지를 효과적으로 전달하기 위한 개인적인 공부가 필요한 것이다.

영어 교육에 종사하는 분들이 "영문을 통으로 암기하는 것이 제일 좋다"라든가 좋은 글을 많이 읽으라고 하는 것은 이 책을 끝내고 난 후의 과정에 해당한다. 실제로 영문을 통째로 암기하면 다양한 수사법을 훈련할 수 있고, 영어를 세련되게 구사할 수 있다.

영어를 공부하는 모든 사람들이 그 '어느 때'를 맞아, 흐뭇하게 미소짓는 모습을 상상하면서……

Contents

Part 1 기본이 되는 문장 쓰기

Chapter 1   나는 한가하다 __ I am free.   013
Chapter 2   나는 피곤했다 __ I was tired.   019
Chapter 3   나는 바쁠 것이다 __ I will be busy.   024
Chapter 4   나는 식당에서 점심을 먹는다 __ I eat lunch in a restaurant.   029

Part 2 사물, 사람에 대한 영작하기

Chapter 1   나는 그 책들을 좋아합니다 __ I like the books.   037
Chapter 2   저것은 작은 그림이다 __ That is a small picture.   043
Chapter 3   이것은 너의 것이니? __ Is this yours?   049
Chapter 4   나는 지금 걷고 있다 __ I am walking now.   054
Chapter 5   저 잠자는 강아지는 귀엽다 __ That sleeping dog is pretty.   059
Chapter 6   나는 저 우유를 마시고 있는 소년을 안다 __ I know that boy drinking milk.   064
Chapter 7   그 병은 깨져 있다 __ The bottle is broken.   070
Chapter 8   저 고장난 차는 아주 낡았습니다 __ That broken car is very old.   075

Part 3 영어의 셈하기 룰을 알기

Chapter 1 음악을 틀어주세요 __ Play some music. 083

Chapter 2 나는 우유를 거의 마시지 않는다 __ I drink little milk. 089

Chapter 3 나는 청바지 한 벌을 가지고 있다 __ I have a pair of jeans. 094

Chapter 4 나의 집에는 방이 세 개 있습니다 __ There are three rooms in my house. 100

Chapter 5 나의 가방은 그 책상 위에 있다 __ My bag is on the desk. 105

Chapter 6 이 지역은 눈이 많이 내린다 __ There is a lot of snow in this area. 110

Part 4 날짜, 시간, 장소를 영어로 쓰기

Chapter 1 밖에는 비가 오고 있다 __ It's raining outside. 117

Chapter 2 오늘은 바람이 분다 __ It is windy today. 123

Chapter 3 서울은 복잡하다 __ Seoul is crowded. 128

Part 5 더욱 정확한 영작문을 위한 연습

Chapter 1 나의 부모님은 매일 아침 걷는다 __ My parents walk every morning. 135

Chapter 2 모든 회의실이 꽉 찼습니다 __ All meeting rooms are packed. 140

Chapter 3 모두가 James를 좋아한다 __ Everyone likes James. 145

Part 6 영어로 질문하기

Chapter 1 그 가방 안에 무엇이 있습니까? __ What is in the bag? 151

Chapter 2 누가 James를 뽑았습니까? __ Who picked James? 156

Chapter 3 어느 것이 8번 버스입니까? __ Which is bus number eight? 161

Part 7 일반동사로 영작하기

Chapter 1 그는 매일 테니스를 친다 __ He play tennis every day. 169

Chapter 2 그는 나에게 좋은 충고를 준다 __ He gives me good advice. 175

Chapter 3 나는 인터넷을 잘 사용하지 않는다 __ I don't use the Internet well. 181

Chapter 4 그는 그의 일을 사랑합니까? __ Does he love his job? 188

Chapter 5 그는 어제 그녀를 만났다 __ He met her yesterday. 195

Chapter 6 나는 그 책을 읽지 않았다 __ I didn't read the book. 201

Part 8 조동사로 영작하기

Chapter 1 나는 그 일을 끝낼 겁니다 __ I will finish the job. 209

Chapter 2 그는 오늘 오후에 오지 않을 것이다 __ He will not come this afternoon. 215

Chapter 3 그녀는 피곤한 것이 틀림없다 __ She must be tired. 222

Chapter 4 당신은 여기에 머물러선 안 된다 __ You may not stay here. 227

Part 9 현재완료형으로 영작하기

Chapter 1 나는 일한 적이 있다 __ I have worked. 235

Chapter 2 나는 1999년부터 여기서 일하고 있다 __ I have worked here since 1999. 242

Chapter 3 당신은 벌써 그것을 마쳤습니까? __ Have you finished it yet? 249

Chapter 4 당신은 2년 동안 영어를 배우고 있습니까?
__ Have you been learning English for 2 years? 256

Part 10 동명사와 부정사로 영작하기

Chapter 1 컴퓨터 게임을 하는 것은 그의 취미이다 __ Playing computer games is his hobby. 265

Chapter 2 그녀는 해외에서 일하는 것을 그만두었다 __ She stopped working abroad. 271

Chapter 3 이메일을 보내는 것은 그녀에게 어렵다 __ It is difficult for her to send e-mails. 278

Chapter 4 우린 마실 물을 원한다 __ We want water to drink. 284

Chapter 5 그는 경제학을 공부하기 위해 해외로 갔다 __ He went abroad to study economics. 291

Chapter 6 그녀는 내가 대학에 가기를 원한다 __ She wants me to go to college. 297

Part 11 명사절로 영작하기

Chapter 1 나는 내일 비가 올지 안 올지 모른다 __ I don't know whether it will rain tomorrow. 307

Chapter 2 그가 올지 안 올지 의심스럽다 __ It is doubtful if he will come. 313

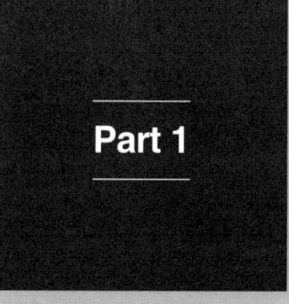

Part 1

Magic English Writing

기본이 되는 문장 쓰기

Chapter 1

나는 한가하다
I am free.

영어에서 기본이 되는 문장은 '누가 무엇을 하다'라는 문장이다. 동작을 나타내는 '무엇을 하다'에서 '~하다'에 해당하는 단어가 없을 경우에는 상태를 나타내는 be동사(am, is, are 등)를 쓴 다음 나머지(형용사, 명사)를 쓴다.

이야기의 주체가 되는 '나'를 1인칭, '당신'을 2인칭이라고 하고 이야기의 주체가 아닌 다른 사람을 3인칭이라고 한다. 3인칭 중에서 한 사람 또는 한 개를 3인칭 단수라 하고 두 사람 이상 또는 두 개 이상을 3인칭 복수라 한다. 한 가지 주의해야 할 점은 '누가'에 해당하는 주어 부분이 he그, she 그녀 등과 같이 3인칭 단수일 경우에는 '무엇을 하다'에 해당하는 동사의 끝에 '-s'를 붙인다는 점이다.

동사 끝에 '-s'가 붙는 경우

	1인칭		2인칭		3인칭	
	일반동사	be동사	일반동사	be동사	일반동사	be동사
단수	I say.	I am big.	You say.	You are big.	He says. She says. It says. This says. That says.	He is big. She is big. It is big. This is big. That is big.
복수	We say.	We are big.	You say.	You are big.	They say.	They are big.

↳ 단어 | say 말하다 | big 큰

'누가' 부분이 3인칭 단수인 경우에 be동사는 is를 사용한다. is에 '-s'가 있듯이 일반동사의 경우에도 '-s'를 붙인다고 기억하자.

He <u>is</u> big.
    3인칭 단수에 사용하는 be동사

He <u>sings</u> well.
    3인칭 단수에 사용하는 일반동사의 변화

이해를 돕는 문제

01. 나는 마신다.
02. 나는 한가하다.
03. 그는 바쁘다.
04. 그는 노래한다.

ㄴ, **단어** | drink 마시다 | free 한가한 | busy 바쁜 | sing 노래하다

해설

01 | 나는 마신다. → **I drink.**
  · 누구는 → I
  · 무엇을 하다 → drink

02 | 나는 한가하다. → **I am free.**
  · 누구는 → I
  · 무엇을 하다 → ×
  · be동사 → am
  · 나머지 부분(한가한) → free

'한가하다'는 무엇을 하는 '동작'을 표현하는 것이 아니라 '상태'를 표현하는 것으로 be동사 '~이다'와 함께 '한가한'이라는 형용사를 사용한다.

03 | 그는 바쁘다. → **He is busy.**
- 누구는 → He
- 무엇을 하다 ×
- be동사 → is
- 나머지 부분(바쁜) → busy

04 | 그는 노래한다. → **He sings.**
- 누구는 → He
- 무엇을 하다 → sings

KEY POINT

Ⓐ : 3인칭 단수란 'I나'와 'you너'를 제외한 다른 한 사람 또는 사물을 말한다. 'they그들'는 3인칭이지만 단수가 아닌 복수이기 때문에 뒤에 나오는 동사에 '-s'를 붙이지 않는다.

Ⓑ : 동작을 표현하는 '누가 무엇을 하다'와 상태를 표현하는 '누가 어떤 상태이다'를 영어로 써보자.

동작은 → I + 동작을 표현하는 동사
상태는 → I am + 상태를 표현하는 형용사 혹은 명사

Ⓒ : '무엇을 하다'에 해당하는 단어에는 두 가지가 있다.

① '나는 마신다'의 경우에는 입이 움직이는 동작을 표현하는 것이다.
② 한편 '나는 마시고 있다'의 경우에는 마시고 있는 상태를 표현하는 것이다.
　이런 경우에는 be동사를 함께 사용하여 상태를 나타낸다. → I am drinking.

D : be동사는 '~이다' 라는 뜻이다. 그래서 '~한' 으로 해석되는 형용사와 같이 쓰인다. 또한 be동사 뒤에 명사가 와서 I am a teacher나는 선생입니다와 같은 문장이 되기도 한다.

영작하기

01. 그는 일한다.
 →

02. 그녀는 먹는다.
 →

03. 그것은 말한다.
 →

04. 저것은 말한다.
 →

05. 우리는 먹는다.
 →

06. 그들은 일한다.
 →

07. 나는 배가 고프다.
 →

08. 나는 먹는다.

→ _____

09. 나는 목이 마르다.

→ _____

10. 나는 마신다.

→ _____

11. 나는 슬프다.

→ _____

12. 나는 운다.

→ _____

ㄴ 단어 | hungry 배가 고픈 | eat 먹다 | thirsty 목이 마른 | drink 마시다 | sad 슬픈 | cry 울다

Help

01 | 동작을 표현하는지 혹은 상태를 표현하는지에 따라 '주어 + 동작을 표현하는 동사'를 쓸 것인지 '주어 + be동사 + 상태를 표현하는 형용사 혹은 명사'를 쓸 것인지를 판단한다.

02 | '누가' 즉 주어에 해당하는 부분이 3인칭인지를 본다. 그리고 단수인지 복수인지에 따라 동사 끝에 's'를 붙일 것인가를 판단한다.

눈으로 확인하기

01. He works.   → | 동작 | 3인칭 단수 + 동사s

02. She eats. → |**동작**| 3인칭 단수 + 동사s

03. This says. → |**동작**| 3인칭 단수 + 동사s

04. That says. → |**동작**| 3인칭 단수 + 동사s

05. We eat. → |**동작**| 1인칭 복수 + 동사

06. They work. → |**동작**| 3인칭 복수 + 동사

07. I am hungry. → |**상태**| 1인칭 단수 + be동사 + 형용사

08. I eat. → |**동작**| 1인칭 단수 + 동사

09. I am thirsty. → |**상태**| 1인칭 단수 + be동사 + 형용사

10. I drink. → |**동작**| 1인칭 단수 + 동사

11. I am sad. → |**상태**| 1인칭 단수 + be동사 + 형용사

12. I cry. → |**동작**| 1인칭 단수 + 동사

Chapter 2

나는 피곤했다
I was tired.

상태를 나타내기 위해서는 be동사 am, is, are를 사용하여 '~이다'의 문장을 만들었다. 그럼 '누가 ~이었다(과거의 의미)'는 어떻게 쓸까?

'~이다'라는 뜻을 가진 be동사를 was 또는 were로 바꾸어 '~였다'라는 과거형 문장을 만들 수 있다. 동작을 표현하는 '무엇을 했다(동작의 과거)'의 경우에는 동사를 과거형으로 바꿔주면 된다.

was와 were의 사용법

I am → was	You are → were
단수 is → was	두 명 이상 are → were

이해를 돕는 문제

01. 나는 걸었다.
02. 나는 피곤했다.
03. 나의 어머니는 걸었다.
04. 나의 어머니는 피곤했다.
05. 당신은 걸었다.
06. 당신은 피곤했다.

↳ **단어** | **walk**(walked) 걷다(걸었다) | **tired** 피곤한

해설

01 | 나는 걸었다. → **I walked.**
- 누구는 → I
- 무엇을 했다 → walked

02 | 나는 피곤했다. → **I was tired.**
- 누구는 → I
- 무엇을 했다 ×
- be동사+형용사 → was tired

03 | 나의 어머니는 걸었다. → **My mother walked.**
- 누구는 → My mother
- 무엇을 했다 → walked

04 | 나의 어머니는 피곤했다. → **My mother was tired.**
- 누구는 → My mother
- 무엇을 했다 ×
- be동사+형용사 → was tired

05 | 당신은 걸었다. → **You walked.**
- 누구는 → You
- 무엇을 했다 → walked

06 | 당신은 피곤했다. → **You were tired.**
- 누구는 → You
- 무엇을 했다 ×
- be동사+형용사 → were tired

KEY POINT 상태를 표현할 때

	〈현재〉	〈과거〉
주어가 I 또는 한 명	am 또는 is	was
주어가 You 또는 두 명 이상	are	were

영작하기

01. 나의 아내는 일했다.

    →

02. 나의 아내는 피곤했다.

    →

03. 나는 피곤했다.

    →

04. 나는 달렸다.

    →

05. 그녀는 바빴다.

    →

06. 그녀는 일했다.

    →

07. 그들은 피곤했다.

    →

08. 그들은 달렸다.

　　→ _____

09. 제임스는 바빴다.

　　→ _____

10. 제임스는 달렸다.

　　→ _____

ㄴ. **단어** | **James** 제임스 | **tired** 피곤한 | **busy** 바쁜 | **wife** 아내 | **run(ran)** 달리다(달렸다) | **work(worked)** 일하다(일했다)

Help

'무엇을 하다'에 해당하는 동사 끝에 'ed'를 붙여서 과거를 표현하는 것이 있고 동사 자체를 변화시키는 경우도 있다는 것을 알아두자.

· walk(현재)　→　walked(과거)
· work(현재)　→　worked(과거)
· run(현재)　→　ran(과거)
· do(현재)　→　did(과거)

눈으로 확인하기

01. My wife worked.　→　| **동작** | 3인칭 단수 + 동사의 과거

02. My wife was tired.　→　| **상태** | 3인칭 단수 + is의 과거 was + 형용사

03. I was tired.　→　| **상태** | 1인칭 단수 + am의 과거 was + 형용사

04. I ran. → |동작| 1인칭 단수 + run의 과거 ran

05. She was busy. → |상태| 3인칭 단수 + is의 과거 was + 형용사

06. She worked. → |동작| 3인칭 단수 + work의 과거 worked

07. They were tired. → |상태| 3인칭 복수 + are의 과거 were + 형용사

08. They ran. → |동작| 3인칭 복수 + run의 과거 ran

09. James was busy. → |상태| 3인칭 단수 + is의 과거 was + 형용사

10. James ran. → |동작| 3인칭 단수 +run의 과거 ran

Chapter 3

나는 바쁠 것이다
I will be busy.

'누가 무엇을 하다' 라는 기본 문장에서 나아가 '무엇을 할 것이다(미래)' 또는 '무엇을 할 수 있다(가능)' 와 같은 문장을 만들어보자.

'동작' 의 미래를 표현할 때

01 | '~할 예정이다' 라는 미래를 표현할 때에는 주어 뒤에
   will + 〈무엇을 하다〉
02 | '~할 수 있다' 라는 가능을 표현할 때에는 주어 뒤에
   can + 〈무엇을 하다〉

'상태' 의 미래를 표현할 때

01 | '~일 것이다', '~일 예정이다' 라는 미래를 표현할 때에는 주어 뒤에
   will + **be** + 형용사/명사
02 | '~일 수 있다' 라는 가능을 표현할 때에는 주어 뒤에
   can + **be** + 형용사/명사

will이나 can 뒤에 오는 〈무엇을 하다〉는 '누구' 에 해당하는 주어가 무엇이 오더라도 변하지 않고 항상 원형이다.
　'~일 것이다' 는 가능 혹은 추정을 표현한다. 바쁠 수도 있다는 말은 바쁘게 되는 일이 가능하다는 가능의 의미가 될 수도 있지만 확실히는 모르지만

아마 바쁠 수도 있다는 추정을 의미하기도 한다.

'~할 수 있다'는 가능 혹은 허락의 의미를 갖는다. 예를 들어 '당신은 갈 수 있다'라는 말은 가는 일이 가능하다는 뜻으로도 사용하고 가도 좋다는 허락의 뜻으로도 사용할 수 있다. 또한 전화할 수 있다는 말은 전화를 거는 일이 가능하다는 뜻이기도 하지만 전화를 해도 좋다는 허락의 의미로도 사용한다.

will be 뒤에 직업을 표현하는 명사가 있으면 '~이 될 것이다'라는 뜻이다. 예를 들어 I will be a doctor라는 문장은 '나는 의사가 될 것이다'라는 뜻이다.

이해를 돕는 문제

01. 나는 바빠질 것이다.
02. 나는 바쁠 수 있다.
03. 나는 방문할 예정이다.
04. 나는 방문할 수 있다.

└ 단어 | busy 바쁜 | visit 방문하다

해설

01 | 나는 바빠질 것이다. → I will be busy.
- 누구는 → I
- ~할 것이다 → will be
- 나머지 부분 → busy

02 | 나는 바쁠 수 있다. → I can be busy.
- 누구는 → I
- ~할 수 있다 → can be

- 나머지 부분 → busy

03 | 나는 방문할 예정이다. → **I will visit.**
- 누구는 → I
- ~할 예정이다 → will
- 무엇을 하다 → visit

04 | 나는 방문할 수 있다. → **I can visit.**
- 누구는 → I
- ~할 수 있다 → can
- 무엇을 하다 → visit

영작하기

01. 당신은 바빠질 것이다.

    → _____

02. 나의 사장은 바쁠 수 있다.

    → _____

03. 나의 여자 형제는 한가해질 것이다.

    → _____

04. 나의 남자 형제는 한가할 수 있다.

    → _____

05. 나의 친구는 전화할 예정이다.

    → _____

06. 나의 친구들은 전화할 수 있다.

→ _____

07. 우리는 읽을 것이다.

→ _____

08. 우리는 읽을 수 있다.

→ _____

09. 나는 전화할 것이다.

→ _____

10. 당신은 전화할 수 있다.

→ _____

┗ 단어 | **free** 한가한 | **busy** 바쁜 | **call** 전화하다 | **read** 읽다 | **friend** 친구 | **sister** 여자형제 | **brother** 남자형제 | **boss** 사장 | **we** 우리

Help

01 | will be와 can be 뒤에는 '아름다운', '바쁜', '나쁜'과 같은 형용사나 이름, 지명, 직업과 같은 명사가 올 수 있다.

02 | will과 can 뒤에 동사를 쓸 때에는 항상 원형을 쓴다. 과거형이나 '-s'를 붙이지 않는다.

눈으로 확인하기

01. You <u>will</u> be busy.
    미래

02. My boss <u>can</u> be busy.
    가능 또는 가능성

03. My sister <u>will</u> be free.
    미래

04. My brother <u>can</u> be free.
    가능 또는 가능성

05. My friend <u>will</u> call.
    미래

06. My friends <u>can</u> call.
    가능 또는 허락

07. We <u>will</u> read.
    미래

08. We <u>can</u> read.
    가능 또는 허락

09. I <u>will</u> call.
    미래

10. You <u>can</u> call.
    가능 또는 허락

Chapter 4

나는 식당에서 점심을 먹는다
I eat lunch in a restaurant.

영어와 우리말은 단어의 배열 방법에 있어 많은 차이가 있다. 그 차이를 이해하고 영어식으로 단어를 배열하는 연습을 해보자. 영어식 단어 배열의 원칙은 항상 질문이 생기도록 단어를 배치한다는 것이다.

영어문장의 단어 배열 방법

01 | 가장 중요한 말을 먼저 한다.
02 | 질문이 생긴다.
03 | 그 질문에 대한 답을 한다.
04 | 그래도 우리말이 남아 있다면 그 나머지 중에서도 먼저 배치를 하였을 때 질문이 생기는 단어를 먼저 쓰고 그 질문에 답을 한다.

이해를 돕는 문제

나는 식당에서 점심을 먹는다.

└ **단어** | in ~(안)에서 | restaurant 식당 | lunch 점심식사 | eat 먹다

해설

나는 식당에서 점심을 먹는다. → I eat lunch in a restaurant.

· 가장 중요한 말	나는 먹는다	I eat
· 생기는 질문	뭘 먹는가?	
· 대답	점심	lunch
· 나머지		
· 질문이 생기도록 단어 배열		in ~에서
· 질문이 생겼다	어디에서?	
· 대답	식당	a restaurant

KEY POINT

단어를 배치할 때에는 혼자서는 의미가 통하지 않는 단어를 먼저 배치한다. 예를 들면 in~에서과 같은 것을 먼저 쓴다. 그렇게 하면 〈어디서?〉와 같은 질문이 생기니 그 질문에 답한다.

영작하기

01. 나는 농구를 한다(농구를 하며 논다).

    → _____

02. 나는 식당에서 저녁을 먹는다.

    → _____

03. 나는 나의 사무실에 간다.

    → _____

04. 나는 James와 함께 영화를 본다.

    → _____

05. 그녀는 농구를 할 예정이다.
   → _____

06. 그녀는 James와 함께 농구를 할 예정이다.
   → _____

07. 그는 식당에서 저녁을 먹을 예정이다.
   → _____

08. 그들은 저녁식사 후에 농구를 할 예정이다.
   → _____

09. 우리는 학교로 갈 예정이다.
   → _____

10. 우리는 나의 사무실에서 영화를 볼 수 있다.
   → _____

ㄴ **단어** | play ~을 하고 놀다 | basketball 농구 | eat ~을 먹다 | dinner 저녁식사 | watch ~을 보다 | movie 영화 | in ~안에서 | to ~로 | with ~와 함께 | after ~한 후에

Help

우리말을 분해해서 영어 단어의 순서를 생각해보자.
- James와 함께 → ~와 함께 + James
- 저녁식사 후에 → ~후에 + 저녁식사
- 사무실로 → ~로 + 사무실

눈으로 확인하기

01. I play basketball.
  〈가장 중요한 말〉 나는 한다(논다)
  〈생기는 질문〉 무엇을?   〈대답〉 농구

02. I eat dinner in a restaurant.
  〈가장 중요한 말〉 나는 먹는다
  〈생기는 질문〉 무엇을?   〈대답〉 저녁식사
  〈질문〉 어디에서?   〈대답〉 식당

03. I go to my office.
  〈가장 중요한 말〉 나는 간다
  〈생기는 질문〉 무엇을?   ×
  〈질문〉 어디에?   〈대답〉 나의 사무실

04. I watch a movie with James.
  〈가장 중요한 말〉 나는 본다
  〈생기는 질문〉 무엇을?   〈대답〉 영화
  〈질문〉 누구와 함께?   〈대답〉 James

05. She will play basketball.
  〈가장 중요한 말〉 그녀는 ~할 예정이다
  〈생기는 질문〉 무엇을?   〈대답〉 농구

06. She will play basketball with James.
  〈가장 중요한 말〉 그녀는 ~할 예정이다
  〈생기는 질문〉 무엇을?   〈대답〉 농구
  〈질문〉 누구와 함께?   〈대답〉 James

07. He will eat dinner in a restaurant.
   〈가장 중요한 말〉 그는 먹을 예정이다
   〈생기는 질문〉 무엇을?   〈대답〉 저녁
   〈질문〉 어디에서?   〈대답〉 식당

08. They will play basketball after dinner.
   〈가장 중요한 말〉 그들은 ~할 예정이다
   〈생기는 질문〉 무엇을?   〈대답〉 농구
   〈질문〉 무엇 후에?   〈대답〉 저녁식사

09. We will go to school.
   〈가장 중요한 말〉 그들은 갈 예정이다
   〈생기는 질문〉 무엇을?   ×
   〈질문〉 어디로?   〈대답〉 학교

10. We can watch a movie in my office.
   〈가장 중요한 말〉 우리는 볼 수 있다
   〈생기는 질문〉 무엇을?   〈대답〉 영화
   〈질문〉 어디에서?   〈대답〉 나의 사무실

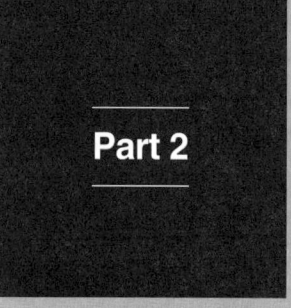

Magic English Writing

사물, 사람에 대한 영작하기

Chapter 1

나는 그 책들을 좋아합니다
I like the books.

영어에서는 사물을 가리키는 단어나 이름을 사전에 나오는 그대로 사용하는 경우가 거의 없다. 대부분의 경우, a(n), the를 붙이거나 단어 끝에 '-s'를 붙인다. 예를 들어 책을 가리킬 때 book이란 단어만 써서는 의미가 잘 통하지 않는다. 하나인지(a/an) 둘 이상인지(-s, -es) 또는 특정한 책을 말하는 것인지(the)를 꼭 표시해야 한다.

a(n), the, 복수의 '-s'의 사용법

a book	한 권의 책(일반적인 한 권의 책)
the book	그 책(서로가 알고 있는 특정한 책)
books	책들(두 권 이상의 책들)
a cat	고양이 한 마리(아무 고양이 한 마리)
the cat	그 고양이(서로가 알고 있는 특정한 고양이)
cats	고양이들(두 마리 이상의 고양이들)
a dog	개 한 마리(아무 강아지 한 마리)
the dog	그 개(서로가 알고 있는 특정한 강아지)
dogs	개들(두 마리 이상의 개들)
a pen	펜 한 자루(일반적인 한 자루의 펜)

the pen   그 펜(내가 사용했거나 상대방이 들고 있는 특정한 펜)
pens   펜들(두 자루 이상의 펜들)

이해를 돕는 문제

'책'이란 뜻의 단어를 문장에서 적당한 형태로 고쳐보자.
a book, the book, books, the books 중 한 개를 선택해보자.

01. 나는 나의 가방 안에 책들을 가지고 있다.
    I have (　　　) in my bag.

02. 나는 책을 읽고 있다.
    I am reading (　　　).

03. 나는 그 책들을 좋아한다.
    I like (　　　).

04. 나는 그 책을 가지고 있지 않다.
    I don't have (　　　).

해설

01 | books
→ 무슨 책인지는 중요하지 않다. 그냥 책들이 들어 있다는 뜻이다.

02 | a book
→ 그 책이 무슨 책인지는 중요하지 않다. 그냥 일반적인 책을 가리킨다.

03 | the books
→ 특정한 책들을 이야기하고 있다.

04 | the book
→ 특정한 책에 대해 말하고 있다.

KEY POINT

'나는 책을 좋아한다' 라고 말할 경우에는 한 권을 좋아하는 것이 아니라 책이라는 전체를 좋아한다는 뜻에서 복수인 books라고 해야 한다. 이처럼 사전에 나오는 단어를 그대로 사용하는 것이 아니라 한 권인지 두 권 이상인지를 생각해서 a를 붙이든지 끝에 's'를 붙여야 한다.

영작하기

01. 이것은 나무이다.
→ _____

02. 나는 나무를 좋아한다.
→ _____

03. 그는 학생이다.
→ _____

04. 그들은 나의 친구이다.
→ _____

05. 이것이 그 책이다.
   → _____

06. 그가 (바로) 그 영어 선생님이다.
   → _____

07. 나는 주머니에 열쇠들을 가지고 있다.
   → _____

08. 그녀는 선생님이다.
   → _____

09. 우리는 학생이다.
   → _____

10. 나는 그 빨간 연필이 좋다.
   → _____

ㄴ. **단어** | **tree** 나무 | **student** 학생 | **teacher** 선생님 | **friend** 친구 | **book** 책 | **English teacher** 영어 선생님 | **pocket** 주머니 | **key** 열쇠 | **red** 빨간 | **pencil** 연필

Help

한 개 또는 한 명인지 두 개 이상 또는 두 명 이상인지에 따라서 a를 붙일 것인지 아니면 단어 끝에 's'를 붙일 것인지를 판단한다. 그리고 특정한 것을 표현하는지를 판단하여 the를 붙일 것인지를 결정한다.

눈으로 확인하기

01. This is <u>a tree</u>.
   많은 나무들 중에 단순히 한 그루의 나무

02. I like <u>trees</u>.
   한 그루를 좋아하는 것이 아니라 나무라는 것 전체를 좋아하는 것

03. He is <u>a student</u>.
   많은 학생들 중에 단순히 한 명의 학생

04. They are my <u>friends</u>.
   2명 이상의 친구들(주어가 '그들'이라는 복수형이라는 것에 주의)

05. This is <u>the book</u>.
   단순히 많은 책들 중에 한 권이 아니라, 특정한 책 한 권을 가리킨다

06. He is <u>the English teacher</u>.
   특정한 한 명의 영어 선생님

07. I have <u>keys</u> in my pocket.
   특정하지 않은 2개 이상의 열쇠들(하나일 경우에는 a key)

08. She is <u>a teacher</u>.
   많은 선생님들 중에 단순히 한 명의 선생님

09. We are <u>students</u>.
   2명 이상의 학생

10. I like <u>the red pencil</u>.
   단순히 많은 연필들 중에 하나가 아니라, 그 빨간 연필이라는 특정한 하나의 연필

우리가 반복적으로 자주 하는 말들은 줄여서 쓰는 경우가 많다.

He is → He's She is → She's
We are → We're They are → They're
I have → I've

Chapter 2

저것은 작은 그림이다
That is a small picture.

사물이나 물건 혹은 사람에 대해서 설명해야 할 때 우리는 '그녀는 예쁘다', '이 연필은 길다', '저것은 작은 그림이다'라는 말을 한다. 여기서 '예쁘다', '길다', '작은'과 같은 말들은 형용사로 주어에 관해 설명하거나 뒤에 오는 단어를 수식할 때 사용된다.

예문을 살펴보자.

이것은 긴 연필이다.

'긴'이라는 형용사가 '연필'이라는 사물 앞에 위치하여 직접 '연필'을 설명해주는 문장이다. 앞에서 공부한 대로 〈누가(무엇은) 무엇을 하다〉에서 '누가(무엇은)'에 해당하는 부분이 '이것은(This)'이 되고 '무엇을 하다'에 해당하는 동작을 표현하는 말이 없기 때문에 be동사를 써야 한다. 따라서 This is로 표현하고 나머지 '긴 연필'에 해당하는 영어인 a long pencil을 뒤에 적는다. 이때 연필은 하나이기 때문에 하나를 뜻하는 a를 long 앞에 꼭 붙여야 한다.

→ This is a long pencil.

이 연필은 길다.

'길다'라는 형용사가 문장의 맨 끝에 위치하여 연필의 상태(모습)를 설명해주고 있다. 마찬가지로 〈누가(무엇은) 무엇을 하다〉에서 '누가(무엇은)'에 해당하는 부분은 '이 연필은(This pencil)' 이지만 '무엇을 하다' 의 동작을 표현하는 부분이 없기 때문에, be동사를 사용해서 'This pencil is' 로 표현하고 나머지 '길다' 에 해당하는 형용사 long을 적으면 된다.

→ This pencil is long.

명사가 두 개 이상일 경우

이것들은 긴 연필이다. → These are long pencils.
이 연필들은 길다. → These pencils are long.

이해를 돕는 문제

01. 저것은 작은 그림이다.
02. 저것들은 작은 그림이다.
03. 저 그림은 작다.
04. 저 그림들은 작다.

ㄴ 단어 | small 작은 | picture 그림 | that 저것, 저 | those 저것들

해설

01 | 저것은 작은 그림이다.　→ That is a small picture.
　　· 저것은 ~이다　　　→ That is
　　· 작은 그림　　　　→ a small picture

02 | 저것들은 작은 그림이다.　→ Those are small pictures.
　　· 저것들은 ~이다　　→ Those are
　　· 작은 그림들　　　→ small pictures

03 | 저 그림은 작다.　　→ That picture is small.
　　· 저 그림은 ~이다　　→ That picture is
　　· 작은　　　　　　　→ small

04 | 저 그림들은 작다.　→ Those pictures are small.
　　· 저 그림들은 ~이다　→ Those pictures are
　　· 작은　　　　　　　→ small

KEY POINT

'that저것'은 하나를 뜻하는 것이다. 그래서 a가 붙어 a small picture작은 그림 한 점이 된다. 'those저것들'는 두 개 이상을 뜻하는 것으로 picture에 '-s'가 붙어서 small pictures가 된다.

영작하기

01. 이 사무실은 크다.
　→ _____

02. 저 빌딩은 높다.
　→ _____

03. 저것은 높은 빌딩이다.
　→ _____

04. 이것은 좋은 생각이다.
　→ _____

05. 이 생각은 좋다.

→ _____

06. 이 컴퓨터들은 비싸다.

→ _____

07. 이것들은 싼 컴퓨터들이다.

→ _____

08. 그는 잘 생겼다.

→ _____

09. 그녀는 귀엽다.

→ _____

ㄴ. **단어** | this 이, 이것 | big 큰 | that 저, 저것 | building 건물 | tall 키가 큰, 높은 | idea 생각, 아이디어 | good 좋은 | computer 컴퓨터 | expensive 비싼 | cheap 싼 | handsome 잘생긴 | pretty 귀여운

Help

형용사가 명사 앞에 위치하여 그 명사를 수식하는 경우에 명사의 개수를 꼭 확인해야 한다. 명사가 하나일 때는 'a+형용사+명사'로 쓰며 복수일 때는 명사의 복수형을 사용한다.

눈으로 확인하기

01. **This office is big.**

'크다' 라는 말이 문장의 맨 끝에서 사무실의 모습을 설명해주고 있다.
is(~이다) + big(큰) = 크다

02. That building is tall.

'높다' 라는 말이 빌딩의 모습을 문장의 맨 끝에서 설명해주고 있다.
is(~이다) + tall(키가 큰) = 높습니다

tall(키가 큰)은 사람뿐만 아니라 나무, 건물 등 서 있는 모든 것들에 대해서 크다 또는 높다를 표현한다.

03. That is a tall building.

'높은' 이라는 말이 '빌딩' 이라는 명사 바로 앞에 위치하여 '빌딩' 을 설명하고 있다.
is(~이다) + a building(빌딩) = 빌딩이다
is(~이다) + a tall building(높은 빌딩) = 높은 빌딩이다

04. This is a good idea.

'좋은' 이라는 말이 '생각' 이라는 명사를 바로 앞에서 설명해주고 있다.
is(~이다) + an idea(생각) = 생각이다
is(~이다) + an good idea(좋은 생각) = 좋은 생각이다

This is an idea와 This is a good idea에서 a를 쓰느냐 an을 쓰느냐는 뒤에 나오는 단어에 따라서 결정한다. 모음(a, e, i, o, u)이 뒤에 나오면 an을 쓰고 그외에는 a를 쓴다.

05. This idea is good.

'생각' 이라는 명사를 문장의 맨 끝에 위치한 '좋다' 라는 말이 설명해주고 있다.
is(~이다) + good(좋은) = 좋다

06. These computers are expensive.

'컴퓨터들' 에 대한 설명을 '비싸다' 라는 말이 문장의 맨 끝에서 하고 있다.
are(~이다) + expensive(비싼) = 비싸다

07. These are cheap computers.

'싼' 이라는 말이 컴퓨터라는 명사를 바로 앞에서 설명하고 있다.
are(~이다) + computers(컴퓨터들) = 컴퓨터들이다

are(~이다) + cheap computers(싼 컴퓨터들) = 싼 컴퓨터들이다

08. He is handsome.

'잘생긴' 이라는 말이 문장의 맨 끝에서 '그' 라는 사람의 상태(모습)를 설명해주고 있다.
is(~이다) + handsome(잘생긴) = 잘생겼다

09. She is pretty.

'귀여운' 이라는 말이 '그녀' 라는 사람의 상태(모습)을 문장의 맨 끝에서 설명하고 있다.
is(~이다) + pretty(귀여운) = 귀엽다

Chapter 3

이것은 너의 것이니?
Is this yours?

우리말과 마찬가지로 영어에서도 '나의 연필'이라는 말을 반복적으로 사용하는 경우에는 '나의 것' 또는 '내 것'이라고 말함으로써 같은 단어를 반복적으로 사용하는 것을 피한다. 이와 같이 '나의 연필'에서 '나의'에 해당하는 것을 소유격이라 하고 '나의 것'을 소유대명사라고 한다.

소유격		소유대명사	
나의	my	나의 것	mine
당신의	your	당신의 것	yours
그의	his	그의 것	his
그녀의	her	그녀의 것	hers
우리의	our	우리의 것	ours
그들의	their	그들의 것	theirs

01 | 이것은 <u>나의 연필</u>입니다. → This is <u>my pencil</u>.
　　　소유격 + 명사　　　　　　　　　소유격 + 명사

02 | 이것은 <u>나의 것</u>입니다. → This is <u>mine</u>.
　　　소유대명사　　　　　　　　소유대명사

03 | 이것들은 나의 연필들입니다. → These are <u>my pencils</u>.
　　　소유격 + 명사　　　　　　　　　　　소유격 + 명사

04 | 이것들은 나의 것입니다. → These are <u>mine</u>.
　　　소유대명사　　　　　　　　　　소유대명사

이해를 돕는 문제

01. 내 전화번호는 777-7777이다.
02. 내 이름은 제임스이다.
03. A. 이것은 너의 것이니?
　　 B. 응, 이것은 나의 것이야.

ㄴ 단어 | phone number 전화번호 | name 이름

해설

01 | My phone number is 777-7777.

02 | My name is James.

03 | A. Is this yours?
　　 B. Yes, this is mine.

KEY POINT

your, her, our, their 등과 같은 소유격에 '-s'를 붙이면 '~의 것'을 표현하는 소유대명사가 된다. → yours, hers, ours, theirs

영작하기

01. 이것은 나의 자동차이다.
    → _____

02. 이 자동차는 나의 것이다.
    → _____

03. 이것이 내 주소이다.
    → _____

04. 이 주소는 내 것이다.
    → _____

05. 그녀는 나의 선생님이다.
    → _____

06. 나는 그녀의 학생이다.
    → _____

07. 이것들은 우리의 것이다.
    → _____

08. 이 그림들은 그의 것이다.
    → _____

09. 이것들은 그의 그림들이다.
    → _____

10. 저것은 우리 노래다.

   → _____

   ㄴ. 단어 | car 자동차 | address 주소 | teacher 선생님 | picture 그림 | song 노래

Help

한 가지 주의할 것은 '나의 것'에 해당하는 mine은 그 가리키는 것이 한 개든 두 개 이상이든 항상 mine이라는 점이다. 예를 들어 '저 책은 나의 것이다'와 '저 책들은 나의 것이다'에서 모두 '나의 것'은 mine으로 단수와 복수에 있어 차이가 없다.

눈으로 확인하기

01. This is <u>my car</u>.
    소유격 + 자동차

02. This car is <u>mine</u>.
    소유대명사

03. This is <u>my address</u>.
    소유격 + 주소

04. This address is <u>mine</u>.
    소유대명사

05. She is <u>my teacher</u>.
    소유격 + 선생님

06. I am <u>her student</u>.
    소유격 + 학생

07. These are <u>ours</u>.
　　　　　　소유대명사

08. These pictures are <u>his</u>.
　　　　　　　　　　소유대명사

09. These are <u>his pictures</u>.
　　　　　　　소유격+그림들

10. That is <u>our song</u>.
　　　　　소유격+노래

보통 우리가 말을 할 때에는 '내 차야' 또는 '이게 내 차야' 라고 말을 한다. 그리고 '이거 걔 거야' 와 같이 줄임말을 자주 사용한다. 하지만 영어로 옮길 때에는 항상 정확한 우리말을 생각하며 영작하자. 우리말에는 복수와 단수를 구분하지 않는 경우가 많다. 예를 들어 그림이 많은 경우에도 '이 그림은 걔 거야' 라고 말을 하는 경우가 있다. 하지만 영문으로 옮길 때에는 단수와 복수를 정확히 구분하자.

Chapter 4

나는 지금 걷고 있다
I am walking now.

'누가(무엇은) 무엇을 하다' 또는 '누가 무엇하다'에서 '무엇을 하다'와 같이 동작을 표현하는 단어(동사)에 'ing'를 붙이면 '~하는 중이다', '~하는 상태이다'라는 뜻의 상태(모습)를 표현하게 된다. 따라서 동사에 일단 'ing'가 붙으면 그것은 더 이상 동사가 아니라 상태나 모양을 표현하는 형용사가 된다. 이런 'ing'꼴은 형용사이기 때문에 반드시 be동사와 함께 사용한다.

be동사의 현재형과 과거형을 기억하자.

I am나는 ~이다 → I was나는 ~였다
You are당신은 ~이다 → You were당신은 ~였다
He(She) is그(그녀)는 ~이다 → He(She) was그(그녀)는 ~였다

상태를 표현하는 단어의 사용법

[현재] am, is, are + 동사 + ing(지금 ~하고 있다)
[과거] was, were + 동사 + ing(과거에 ~하고 있었다)

이해를 돕는 문제

01. 나는(지금) 걷고 있다(걷는 중이다, 걷고 있는 상태이다).
02. 나는(그때) 걷고 있었다(걷는 중이었다, 걷고 있는 상태였다).

ㄴ, 단어 | walk 걷다 | now 지금 | at that time 그때

해설

01 | 나는(지금) 걷고 있다. → I am walking(now).
　・ ~이다(현재) + 걷다+ing → 걷는 중이다.

02 | 나는(그때) 걷고 있었다. → I was walking(at that time).
　・ ~였다(과거) + 걷다+ing → 걷는 중이었다

KEY POINT

'~하고 있다' 라는 표현이 나오는 우리말 문장을 영문으로 옮길 때에는,
① 'be동사+~ing' 의 꼴을 우선 떠올린다.
② '있다' 의 시제를 확인한다. '있었다' 이면 과거이고 '있다' 이면 현재이다.

영작하기

01. 나는 지금 TV를 보고 있다.

　→ _____

02. (당신이 어제 전화했을 때) 나는 TV를 보고 있었다.

　→ _____

03. (어제 제임스가 집에 왔을 때) 나는 자고 있었다.
→ _____

04. 그녀는 울고 있다.
→ _____

05. 그녀는 그때 울고 있었다.
→ _____

06. (내가 그의 사무실에 방문했더니) 그는 일하고 있었다.
→ _____

07. 그는 그 회사에서 일하고 있다.
→ _____

08. 그는 (내년에도) 그 회사에서 일하고 있을 것이다.
→ _____

09. 제임스는 전화를 하는 중이다.
→ _____

10. 제임스는 전화 중이었다.
→ _____

단어 | now 지금 | watch 보다 | sleep 자다 | cry 울다 | work 일하다 | in the company 그 회사에서 | call 전화하다

Help

01 영작을 할 때에는 반드시 〈누가 무엇을 하다〉를 제일 먼저 써야 한다. 그리고 나서 생기는 질문에 답을 하는 식으로 문장을 완성한다.

〈누가 무엇을 하다〉 + 〈질문에 대한 답〉 + 〈나머지〉

02 예를 들어 '나는 지금 TV를 보고 있다' 를 영문으로 옮길 때에는 다음 수순을 밟는다.

〈누가 무엇하다〉 → 나는 보고 있는 중이다.
〈무엇을?〉 → TV
〈나머지〉 → 지금

눈으로 확인하기

01. I am watching TV now.

〈누가 무엇이다〉 → **나는 보고 있는 + 이다(보고 있다)**
('본다' 가 아니라 '보고 있다' 이기 때문에 'be동사+-ing' 꼴이 되고 시제는 현재형이다)
〈무엇을?〉 → **TV**
〈나머지〉 → **지금**

02. I was watching TV.

〈누가 무엇이다〉 → **나는 보고 있는 + 이었다(보고 있었다)**
('봤다' 가 아니라 '보고 있었다' 이기 때문에 'be동사+-ing' 꼴이 되고 시제는 과거형이다)
〈무엇을?〉 → **TV**

03. I was sleeping.

〈누가 무엇이다〉 → **나는 자고 있는 + 이었다(자고 있었다)**
('잤다' 가 아니라 '자고 있었다' 이기 때문에 'be동사+-ing' 꼴이 되고 시제는 과거형이다)

04. She is crying.

〈누가 무엇이다〉 → 그녀는 울고 있는 + 이다(울고 있다)

('울다' 가 아니라 '울고 있다' 이기 때문에 'be동사+-ing' 꼴이 되고 시제는 현재형이다)

05. She was crying.

〈누가 무엇이다〉 → 그녀는 울고 있는 + 이었다(울고 있었다)

('울다' 가 아니라 '울고 있다' 이기 때문에 'be동사+-ing' 꼴이 되고 시제는 과거형이다)

06. He was working.

〈누가 무엇이다〉 → 그는 일하고 있는 + 이었다(일하고 있었다)

('일했다' 가 아니라 '일하고 있었다' 이기 때문에 'be동사+-ing' 꼴이 되고 시제는 과거형이다)

07. He is working in the company.

〈누가 무엇이다〉 → 그는 일하고 있는 + 이다(일하고 있다)

('일하다' 가 아니라 '일하고 있다' 이기 때문에 'be동사+-ing' 꼴이 되고 시제는 현재형이다)

〈나머지〉 → in the company그 회사에서

08. He will be working in the company.

〈누가 무엇이다〉 → 그는 일하고 있는 + ~일 것이다(일하고 있을 것이다)

('일하다' 가 아니라 '일하고 있는 + ~일 것이다' 이기 때문에 'will +be동사+-ing' 꼴이 되고 시제는 미래형이 된다)

〈나머지〉 → in the company그 회사에서

09. James is calling.

〈누가 무엇이다〉 → 제임스는 전화를 하고 있는 + 이다(전화하고 있다)

('전화한다' 가 아니라 '전화하고 있다' 이기 때문에 'be동사+-ing' 꼴이 되고 시제는 현재형이다)

10. James was calling.

〈누가 무엇이다〉 → 제임스는 전화하고 있는 + 이었다(전화하고 있었다)

('전화했다' 가 아니라 '전화하고 있었다' 이기 때문에 'be동사+-ing' 꼴이 되고 시제는 과거형이다)

Chapter 5

저 잠자는 강아지는 귀엽다
That sleeping dog is pretty.

동작을 표현하는 단어 즉 동사에 'ing'를 붙이면 그 동작을 하고 있는 상태(모습)를 표현하는 단어 즉 형용사가 된다. 그래서 '~하는 소년', '~하는 컴퓨터'와 같이 명사를 꾸미는 역할을 하게 된다.

상태를 표현하는 단어의 사용법

동사 run 달리다에 'ing'를 붙이면 running 달리고 있는이라는 형용사가 된다.

- 저 강아지는 달리고 있다. → That dog is running.
- 달리고 있는 강아지 (한 마리) → a running dog
- 저 달리고 있는 강아지는 나의 것이다. → That running dog is mine.

running 달리고 있는은 '저 강아지는 달리고 있다'와 '저 달리는 강아지'와 같이 두 가지 방법으로 사용될 수 있다. '저 달리는 강아지'의 경우에는 '저 달리는 강아지는 똘이다' 또는 '저것은 달리는 강아지이다'와 같은 문장으로 만들어 사용할 수 있다.

이해를 돕는 문제

01. 자고 있는 강아지 (한 마리)
02. 저 잠자는 강아지는 귀엽다.
03. 저 귀여운 강아지는 잠자고 있다.

ㄴ. 단어 | that 저것 | sleeping 자고 있는 | dog 강아지 | pretty 귀여운

해설

01 | a sleeping dog

02 | That sleeping dog is pretty.

03 | That pretty dog is sleeping.

KEY POINT

sleep+-ing는 '잠자고 있는' 이라는 형용사이고 pretty는 '귀여운' 이라는 형용사이다. 형용사는 be동사와 함께 '잠자고 있다(is sleeping)', '귀엽다(is pretty)' 와 같이 사용되기도 하고 명사의 앞에서 '잠자고 있는 강아지(a sleeping dog)', '귀여운 강아지(a pretty dog)' 와 같이 직접 명사를 꾸미기도 한다.

영작하기

01. 헤엄치는 한 소년

→ _____

02. 이 헤엄치는 소년은 귀엽다.
→ _____

03. 저 귀여운 소년은 헤엄치고 있다.
→ _____

04. 이 자고 있는 소녀는 Jane이다.
→ _____

05. 저 소녀는 노래하고 있다.
→ _____

06. 저 노래하는 소녀는 키가 크다.
→ _____

07. 저 키가 큰 소녀는 노래하고 있다.
→ _____

08. 이 헤엄치는 소년은 Tom이다.
→ _____

09. Tom은 수영하고 있다.
→ _____

10. 이 귀여운 소녀는 잠자고 있다.
→ _____

ㄴ. **단어** | **this** 이것 | **that** 저것 | **boy** 소년 | **girl** 소녀 | **pretty** 귀여운 | **sleeping** 자고 있는 | **swimming** 헤엄치고 있는 | **singing** 노래하고 있는 | **tall** 키가 큰

Help

동작을 표현하는 동사에 'ing'를 붙이면 형용사가 된다.
형용사는 be동사 뒤에, 명사 앞에 온다.

1. is + 동사+ing(형용사)

2. (a/an) 동사+ing(형용사) + 명사(s)

눈으로 확인하기

01. a swimming boy

02. <u>This swimming boy</u> is pretty.
    주어 : 이 수영하는 소년

03. <u>That pretty boy</u> is swimming.
    주어 : 저 귀여운 소년

04. <u>This sleeping girl</u> is Jane.
    주어: 이 잠자는 소녀

05. <u>That girl</u> is singing.
    주어 : 저 소녀

06. <u>That singing girl</u> is tall.
    주어 : 저 노래하는 소녀

07. <u>That tall girl</u> is singing.
    주어 : 저 키 큰 소녀

08. <u>This swimming boy</u> is Tom.
    주어 : 이 수영하는 소년

09. <u>Tom</u> is swimming.
　　주어 : 톰

10. <u>This pretty girl</u> is sleeping.
　　주어 : 이 예쁜 소녀

---

a swimming boy와 a pretty boy를 비교해보면, pretty귀여운는 원래가 형용사이다. 하지만 swimming수영하는은 동사 swim수영하다에 '-ing'를 붙여서 '~하고 있는'이라는 뜻이 된 것으로 명사 boy를 꾸미는 역할을 하고 있다. 이와 같이 형용사는 정해진 것이 아니라 그 단어가 문장에서 어떤 역할을 하는지를 말하는 것이다.

The boy is swimming의 경우에는 swimming수영하는이 앞에 나오는 주어(the boy)에 대한 설명을 하고 있다. 즉 형용사인 것이다.

Chapter 6

나는 저 우유를 마시고 있는 소년을 안다
I know that boy drinking milk.

'동사+ing'는 '~하고 있는'을 표현하는 형용사가 된다. 그리고 A running dog달리고 있는 강아지와 같이 명사 앞에서 명사를 꾸민다.

그럼, 여기서는 '동사+ing'가 형용사로서 가장 많이 쓰이는 형태를 살펴보자. '~을 ~하고 있는 강아지' 또는 '~에서 ~하는 강아지'와 같이 '~하는'에서 끝나지 않고 '~에서' 또는 '~을'이 있을 경우에는 명사의 뒤에서 명사를 설명한다.

동사 + -ing

01 | that <u>running</u> dog 저 달리고 있는 강아지

02 | that dog <u>running in the park</u> 공원에서 달리고 있는 저 강아지

03 | that dog <u>running fast</u> 빨리 달리고 있는 저 강아지

04 | that dog <u>eating food</u> 음식을 먹고 있는 저 강아지

05 | that dog <u>sleeping in the house</u> 집에서 잠자고 있는 저 강아지

동사 + -ing를 이용한 문장 만들기

01번부터 05번까지 밑줄 친 부분 모두는 하나의 묶음이다. 하나의 묶음은 최소 단위로 같이 묶여서 사용된다.

01 | <u>That running dog</u> is pretty. 저 달리는 강아지는 귀엽다.

02 | <u>That dog running in the park</u> is pretty. 저 공원에서 달리고 있는 강아지는 귀엽다.

03 | <u>That dog running fast</u> is pretty. 저 빨리 달리고 있는 강아지는 귀엽다.

04 | I know <u>that dog eating food</u>. 나는 음식을 먹고 있는 저 강아지를 안다.

05 | I like <u>that dog sleeping in the house</u>. 나는 집에서 잠자고 있는 저 강아지를 좋아한다.

이해를 돕는 문제

01. 저 우유를 마시고 있는 소년은 귀엽다.
02. 나는 저 소년을 안다.
03. 나는 우유를 마시고 있는 저 소년을 안다.

ㄴ 단어 | **pretty** 귀여운 | **know** 알다 | **boy** 소년 | **milk** 우유 | **drink** 마시다

해설

01 | That boy drinking milk is pretty.

02 | I know that boy.

03 | I know that boy drinking milk.

KEY POINT

I know나는 알다 뒤에 나오는 that boy저 소년도 한 묶음이며, that boy drinking milk우유를 마시고 있는 저 소년도 하나의 묶음이다.

영작하기

01. 저 소녀는 노래하고 있다.

    → _____

02. 저 소녀는 집에서 노래하고 있다.

    → _____

03. 집에서 노래하는 저 소녀는 귀엽다.

    → _____

04. 나는 집에서 노래하는 저 소녀를 안다.

    → _____

05. 이 강아지는 짖고 있다.

→ _____

06. 이 강아지는 열심히 짖고 있다.

→ _____

07. 열심히 짖고 있는 이 강아지는 Tori이다.

→ _____

08. 나는 열심히 짖고 있는 이 Tori를 좋아한다.

→ _____

09. 커피를 마시고 있는 저 남자는 Tom이다.

→ _____

10. 나는 커피를 마시고 있는 저 남자를 안다.

→ _____

ㄴ **단어** | **girl** 소녀 | **sing** 노래하다 | **in the house** 집에서 | **pretty** 귀여운 | **know** ~을 알다 | **dog** 강아지 | **bark** 짖다 | **hard** 열심히 | **like** 좋아하다 | **this** 이것 | **that** 저것 | **coffee** 커피 | **drink** 마시다 | **man** 남자

Help

문장의 제일 처음에는 '누가 무엇을 하다(무엇이다)' 가 온다. '나는 마신다', '나는 좋아한다', '나는 안다', '이 강아지는 짖고 있다', '저 소녀는 노래하는 중이다' 와 같이 '누가 무엇을 하다(무엇이다)' 또는 '누가 무엇을 하고 있다(무엇하고 있다)' 에 해당하는 영어가 제일 먼저 나온다.

눈으로 확인하기

01. That girl is singing.

〈누구는〉 → 저 소녀는
〈무엇을 하다〉 → 노래하고 있다
('노래한다' 가 아니라 '노래하고 있다' 이므로 'be동사+~ing' 의 꼴이 된다)

02. That girl is singing in the house.

〈누구는〉 → 저 소녀는
〈무엇을 하다〉 → 노래하고 있습니다.
〈나머지〉 → 집에서

03. That girl singing in the house is pretty.

〈누구는〉 → 집에서 노래하는 저 소녀는
(그냥 '노래하는 저 소녀' 는 that singing girl이지만 '집에서' 라는 말이 '노래하는' 이라는 말과 함께 쓰였기 때문에 singing in the house가 함께 붙어서 명사 뒤에 온다)

04. I know that girl singing in the house.

〈누가 무엇을 하다〉 → 나는 안다
〈무엇을?〉 → 집에서 노래하는 저 소녀
(그냥 '노래하는 저 소녀' 는 that singing girl이지만 '집에서' 라는 말이 있기 때문에 singing in the house가 '저 소녀' 뒤에 위치한다)

05. This dog is barking.

〈누구는〉 → 이 강아지는
〈무엇을 하다〉 → 짖고 있다
('짖다' 가 아니라 '짖고 있다' 이므로 'be동사 + -ing' 꼴이 되며 현재형이다)

06. This dog is barking hard.

〈누구는〉 → 이 강아지는
〈무엇을 하다〉 → 짖고 있다
〈나머지〉 → 열심히

07. This dog barking hard is Tori.

〈누구는〉 → 열심히 짖고 있는 이 강아지는
(그냥 '짖고 있는' 이 아니라 '열심히 짖고 있는(barking hard)' 이기 때문에 명사 뒤에 위치한다)
〈무엇을 하다〉 → 없다. 따라서 be동사를 사용
〈나머지〉 → Tori

08. I like this Tori barking hard.

〈누가 무엇을 하다〉 → 나는 좋아한다
〈무엇을〉 → 열심히 짖고 있는 이 Tori
(그냥 '짖고 있는 이 Tori' 가 아니라 '열심히 짖고 있는 이 Tori' 이기 때문에 'barking hard' 가 '이 Tori' 뒤에 위치한다)

09. That man drinking coffee is Tom.

〈누구는〉 → 커피를 마시고 있는 저 남자는
(그냥 '마시고 있는 저 남자(that drinking man)' 가 아니라 '커피를 마시고 있는 저 남자' 이기 때문에 '커피를 마시는(drinking coffee)' 이 '저 남자' 뒤에 위치한다)
〈무엇을 하다〉 → 없다. 따라서 be동사를 사용
〈나머지〉 → Tom

10. I know that man drinking coffee.

〈누가 무엇을 하다〉 → 나는 안다
〈무엇을?〉 → 커피를 마시고 있는 저 남자
(그냥 '마시고 있는 저 남자(that drinking man)' 가 아니라 '커피를 마시고 있는' 이기 때문에 '저 남자' 뒤에 위치해야 한다)

Chapter 7

그 병은 깨져 있다
The bottle is broken.

동작을 표현하는 단어 즉 동사는 형태가 변한다. 동사에 '-ing'가 붙어 '~하고 있다' 또는 '~하는 상태이다'라는 표현이 되었듯이 동작이 일어난 시점에 따라 그 형태가 과거형, 현재분사형(-ing), 과거분사형으로 변한다. 동사의 '과거분사형'은 동사마다 각각 다르기 때문에 따로 암기해야 한다.

동사의 과거분사형은 '~되어지다', '~함을 당하다'를 표현하며 현재분사형(-ing)과 마찬가지로, 동사에서 파생되어 형용사로 변했기 때문에 be동사와 함께 사용해야 한다.

'발전하다'라는 동사를 예로 들어보자. 누가 특정 기술을 발전시킨다는 것을 다른 각도에서 보면, 기술이 어느 누군가에 의해서 발전되는 것이다. 이 경우에 기술이 발전되는 것을 표현하는 것이 바로 'be동사 + 과거분사' 꼴이다. 이처럼 한 가지의 사실이 있더라도 그것을 표현하는 것은 누구의 입장에서 또는 어느 각도로 표현을 하는지에 따라 달라진다.

과거분사형의 사용법

[현재] am, is, are + 과거분사형 → ~되어 있다
[과거] was, were + 과거분사형 → ~되어 있었다

이해를 돕는 문제

01. 나는 그 병을 깬다(현재).
02. 나는 그 병을 깨고 있다(현재진행형).
03. 나는 그 병을 깼다(과거형).
04. 그 병은 깨져 있다(현재의 과거분사형).
05. 그 병은 깨져 있었다(과거의 과거분사형).

└ 단어 | **bottle** 병 | **break(broke)** 깨다(깼다) | **broken** 깨진(break의 과거분사형)

해설

01 | I break the bottle.

02 | I am breaking the bottle.

03 | I broke the bottle.

04 | The bottle is broken.

05 | The bottle was broken.

KEY POINT

'깨다' 와 '깨지다' 와의 차이점을 이해하자. 깨는 것은 내가 깨는 것이고 깨지는 것은 누군가에 의해서 병이 깨어지는 것이다. 누군가에 의해 병이 깨어지는 것을 표현할 때 바로 break깨다라는 동사의 과거분사인 broken 을 쓰는 것이다.

영작하기

01. 나는 저 기계를 사용한다.
   → _____

02. 저 기계는 사용된다(누군가가 저 기계를 사용한다).
   → _____

03. 저 기계가 사용되었다(누군가가 저 기계를 사용했다).
   → _____

04. 나는 James를 부른다.
   → _____

05. 나는 제임스를 불렀다.
   → _____

06. 나는 Jane이라고 불렸다.
   → _____

07. 그 강아지는 Tori라고 불렸다(사람들은 그 강아지를 Tori라고 부른다).
   → _____

08. 그 피자는 배달되었다(누군가가 그 피자를 배달하였다).
   → _____

09. 그 책은 1970년에 쓰여졌다(누군가가 그 책을 1970년에 썼다).
   → _____

10. 나의 컴퓨터는 사용되고 있다(누군가가 내 컴퓨터를 사용하고 있다).

→ _____

↳ **단어** | **use** 사용하다(과거분사형: used) | **call** 부르다(과거분사형: called) | **deliver** 배달하다(과거분사형: delivered) | **write** 쓰다(과거분사형: written)

Help

'be동사+called'는 '~라고 불리다'라는 뜻이다. 그래서 '~라고'를 영어로 무엇을 써야 할지 걱정하지 않아도 된다.

눈으로 확인하기

01. I use that machine.
〈누가 무엇을 하다〉 → 나는 사용한다(현재형)
〈무엇을?〉 → 기계

02. That machine is used.
〈누가 무엇을 하다〉 → 저 기계는 사용된다
('사용하다'가 아니라 '사용되다'이므로 'be동사+use의 과거분사'를 사용하며 시제는 현재형이다)

03. That machine was used.
〈누가 무엇을 하다〉 → 저 기계가 사용되었다
('사용했다'가 아니라 '사용되었다'이므로 'be동사+use의 과거분사'를 사용하며 시제는 과거형이다)

연도를 읽을 때에는 두 자리씩 끊어서 읽는다. 1998년의 경우 앞에 두 자리 19를 읽고 나서 뒤에 두 자리 98을 읽는다. 하지만 2000년의 경우에는 year two thousand라 읽고 2001년은 two thousand one, 2002년은 two thousand two와 같이 읽는다.

05. I called James.

〈누가 무엇을 하다〉 → 나는 불렀다 (과거형)
〈무엇을?〉 → James

06. I was called Jane.

〈누가 무엇을 하다〉 → 나는 불려졌다
('불렀다' 가 아니라 '불려졌다' 이므로 'be동사+call의 과거분사' 를 사용하며 시제는 과거형이다)

07. The dog was called Tori.

〈누가 무엇을 하다〉 → 그 강아지는 불려졌다
('불렀다' 가 아니라 '불려졌다' 이므로 'be동사+call의 과거분사' 를 사용해야 하며 시제는 과거형이다)

08. The pizza was delivered.

〈누가 무엇을 하다〉 → 그 피자는 배달되었다
('배달했다' 가 아니라 '배달되었다' 이므로 'be동사 + deliver의 과거분사' 를 사용하며 시제는 과거형이다)

09. The book was written in 1970.

〈누가 무엇을 하다〉 → 그 책은 쓰여졌다
('썼다' 가 아니라 '쓰여졌다' 이므로 'be동사+write의 과거분사' 를 사용하며 시제는 과거형이다)
〈나머지〉 → 1970년에

10. My computer is used.

〈누가 무엇을 하다〉 → 나의 컴퓨터는 사용되고 있다
('사용하다' 가 아니라 '사용되다' 이므로 'be동사+use의 과거분사' 를 사용하며 시제는 현재형이다)

Chapter 8

저 고장난 차는 아주 낡았습니다
That broken car is very old.

동사의 과거분사형은 '~되었다', '~되어 있다' 의 의미로 앞에서 공부한 동사의 -ing형(~하고 있는)과 마찬가지로 명사를 자세히 설명할 때 사용할 수 있다.

동사의 과거분사형의 사용법

01 | 그 책상은 망가졌다(부셔졌다, 깨졌다). → The desk is broken.

02 | 그 망가진 책상은 낡았다. → The broken desk is old.

03 | 어제 망가진 그 책상은 낡았다. → The desk broken yesterday is old.

동사의 -ing형의 사용법

01 | 저 소녀는 노래하고 있다. → That girl is singing.

02 | 저 노래하는 소녀는 귀엽다. → That singing girl is pretty.

03 | 열심히 노래하는 저 소녀는 귀엽다. → That girl singing hard is pretty.

이해를 돕는 문제

01. 저 낡은 차는 고장났다(망가졌다).
02. 저 고장난 차는 굉장히 낡았다.
03. Tom에 의해 쓰여진 그 편지는 낡았다.

ㄴ. 단어 | car 차 | old 낡은 | broken 망가진 | by ~에 의해

해설

01 | That old car is broken.

02 | That broken car is very old.

03 | The letter written by Tom is old.

KEY POINT

broken에는 '깨진'이라는 의미 외에도 '부러진', '고장난', '부서진', '꺾인' 등의 의미가 있다. 형용사는 명사를 설명하는 역할을 하는 것이다. broken은 명사 앞에서 명사를 설명하는 역할을 하기도 하고, be동사와 함께 문장의 맨 끝에서 그 명사의 상태를 나타내기도 한다. 하지만 명사를 설명하는 방법으로 가장 많이 사용되는 형태는 3번과 같이 명사의 뒤에서 설명을 하는 것이다.

영작하기

01. 나는 이 차를 망가뜨렸다.
    → _____

02. 이 차는 망가졌다.
    → _____

03. 이 망가진 차는 나의 것이다.
    → _____

04. 어제 망가진 그 차는 나의 것이다.
    → _____

05. 어제 망가진 그 차는 나의 것이었다.
    → _____

06. 이 빨간 차는 중고다.
    → _____

07. 이 중고 차는 비싸다.
    → _____

08. 나는 전에 사용된 그 연필을 좋아한다.
    → _____

09. 전에 사용된 그 연필은 나의 것이다.
    → _____

10. 작년에 쓰여진 그 책은 쉽다.

→ _____

ㄴ. **단어** | **car** 차 | **break(broke)** 망가뜨리다(망가뜨렸다) | **broken** 망가진 | **mine** 나의 것 | **yesterday** 어제 | **used** 중고(사용된) | **expensive** 비싼 | **before** 전에 | **pencil** 연필 | **last year** 작년 | **written** 쓰여진 | **book** 책 | **easy** 쉬운

Help

broken car망가진 차처럼 형용사가 명사 앞에 와서 명사를 수식하는 게 보통이지만, 차를 설명하는 글이 길어질 때 즉 '어제 망가진 차', '심하게 망가진 차' 등과 같이 차에 대한 설명이 길어지는 경우에는 명사의 뒤에서 수식하게 된다.

눈으로 확인하기

01. I <u>broke</u> this car.
    일반동사

02. This car <u>is broken</u>.
    be동사+과거분사

03. <u>This broken car</u> is mine.
    주어: 이 망가진 차

04. <u>The car broken yesterday</u> is mine.
    주어: 어제 망가진 그 차 (과거분사+명사)

05. <u>The car broken yesterday</u> was mine.
주어: 어제 망가진 그 차 (과거분사+명사)

06. <u>This red car</u> is used.
주어: 이 빨간 차 (형용사+명사)

07. <u>This used car</u> is expensive.
주어: 이 중고 차 (과거분사+명사)

08. I like <u>the pencil used before</u>.
목적어: 전에 사용된 그 연필

09. <u>The pencil used before</u> is mine.
주어: 전에 사용된 그 연필

10. <u>The book written last year</u> is easy.
주어: 작년에 쓰여진 그 책

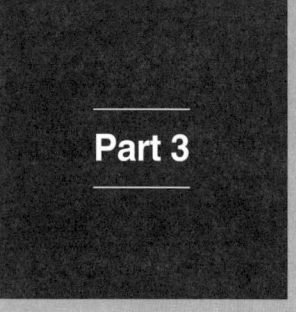

Part 3

Magic English Writing

영어의 셈하기 룰을 알기

Chapter 1

음악을 틀어주세요
Play some music.

명사에는 셀 수 있는 명사와 셀 수 없는 명사가 있다.

셀 수 있는 명사

눈으로 볼 수 있으며 손으로 셀 수 있는 명사 – dog개, book책, computer컴퓨터, pencil연필 등

a dog	한 마리의 개
dogs	두 마리 이상의 개
many dogs	많은 개들

셀 수 없는 명사

01 | 용기에 넣지 않으면 셀 수 없는 명사 – water물, milk우유, coffee커피, oil기름 등

a glass of water	컵 한 잔의 물
two glasses of water	컵 두 잔의 물
many glasses of water	많은 컵에 들어 있는 물
some water	어느 정도 양의 물
much water	많은 양의 물

물과 같이 셀 수 없는 명사 앞에는 a(n)가 올 수 없으며 복수의 '-s'도 붙지 않는다.
· a water(×)   waters(×)

02 │ 대화, 노력, 발전, 고통 등과 같이 이미지로 떠올릴 수 있는 명사들로 학교, 돈, 음악 등. 하지만 이들은 가끔 셀 수 있는 명사로 사용되기도 한다. 예를 들어 공부를 하기 위해 모이는 곳이란 뜻의 학교(school)라는 단어는 셀 수 없는 명사이고, 건물이라는 뜻의 학교(a school)는 셀 수 있는 명사이다.

이해를 돕는 문제

01. 음악을 틀어주세요.
02. 노래를 틀어주세요.

ㄴ. 단어 │ play 틀다 │ music 음악 │ song 노래

해설

01 │ Play some <u>music</u>.
     셀 수 없는 명사 musics(x)

02 │ Play some <u>songs</u>.
     셀 수 있는 명사 songs(o)

KEY POINT

music, coffee, juice 등은 셀 수 없는 명사이지만 회화에서는 각각의 물건으로 여겨 간혹 셈을 하기도 한다. 예를 들면 juice라는 것은 셀 수는 없

지만 용기에 든 주스를 '주스 세 통 주세요'라고 하지 않고 '주스 세 개 주세요'와 같이 간편하게 말하는 경우가 있다. 커피의 경우에도 '커피 석 잔 주세요'가 맞지만 '커피 셋 주세요'와 같이 말하기도 한다.

영작하기

01. 나는 물 한 잔을 원한다(물 한 잔 주세요).

　→ _____

02. 나는 많은 책을 가지고 있다(나는 책이 많다).

　→ _____

03. 제임스는 학교에 다닌다(제임스는 학생이다).

　→ _____

04. 나는 많은 돈을 가지고 있다(나는 돈이 많다).

　→ _____

05. 제인은 커피를 좋아한다.

　→ _____

06. 제인은 많은 커피를 마신다(제인은 커피를 많이 마신다).

　→ _____

07. 그는 그의 집에 많은 우유를 가지고 있다.

　→ _____

08. 나는 매일 음악을 듣는다.

→ _____

09. 나는 많은 스트레스를 가지고 있다(나는 스트레스를 많이 받는다).

→ _____

10. 나는 나의 사무실에 많은 컴퓨터를 가지고 있다.

→ _____

ㄴ. 단어 | many (셀 수 있는 것이)많은 | much (셀 수 없는 것이)많은 | like 좋아하다 | have(has) 가지고 있다 | want 원하다 | water 물 | a glass 한 잔 | book 책 | go to~ ~에 가다 | money 돈 | drink 마시다 | milk 우유 | every day 매일 | music 음악 | listen to 듣다 | stress 스트레스 | in my office 나의 사무실에서

Help

셀 수 있는 것이 많을 때에는 many books와 같이 단어에 's'를 붙여서 사용하고, 셀 수 없는 것이 많을 때는 양이 많다는 뜻에서 much coffee와 같이 사용한다. coffee와 같은 셀 수 없는 명사에는 's'가 붙지 않는다는 것을 기억하자.

눈으로 확인하기

01. I want a glass of water.

〈누구는 무엇을 하다〉 → 나는 원한다
〈무엇을?〉 → 물 한 잔
(물은 셀 수 없는 명사이기 때문에 용기에 담아야 한다)

02. I have many books.

〈누구는 무엇을 하다〉 → 나는 가지고 있다
〈무엇을?〉 → 많은 책

(책은 셀 수 있는 명사이기 때문에 '많다' 라는 형용사 many를 붙인다)

03. James goes to school.

〈누구는 무엇을 하다〉 → 제임스는 다닌다(간다)
〈나머지〉 → ~에
〈어디에?〉 → 학교

go to school은 숙어로 '학교에 다니다' 라는 뜻이다. 학교라는 건물에 가는 것이 아니라 '공부하러 가다', '수업을 받으러 가다' 와 같은 뜻을 표현한다. 그래서 school 앞에 a를 붙이지 않는 것이다.

04. I have much money.

〈누구는 무엇을 하다〉 → 나는 가지고 있다
〈무엇을?〉 → 많은 돈
(돈 → 셀 수 없는 명사, '많은' 이란 뜻의 many와 much 중에서 셀 수 없는 명사에 쓰이는 much를 쓴다)

05. Jane likes coffee.

〈누구는 무엇을 하다〉 → 제인은 좋아합니다
〈무엇을?〉 → 커피
(커피 → 셀 수 없는 명사, 하나라는 뜻의 'a' 나 복수의 's' 를 붙일 수 없다)

06. Jane drinks much coffee.

〈누구는 무엇을 하다〉 → 제인은 마신다
〈무엇을〉 → 많은 커피
(커피 → 셀 수 없는 명사, '많은' 이란 뜻의 many와 much 중에서 셀 수 없는 명사에 쓰이는 much를 쓴다)

07. He has much milk in his house.

〈누구는 무엇을 하다〉 → 그는 가지고 있다
〈무엇을?〉 → 많은 우유 (우유는 셀 수 없는 명사)
〈나머지〉 → ~에
〈어디에?〉 → 그의 집

08. **I listen to music every day.**

〈누구는 무엇을 하다〉 → 나는 듣는다
〈무엇을?〉 → 음악
(음악은 셀 수 없는 명사이기 때문에 'a' 나 복수의 's'를 붙일 수 없다)

09. **I have much stress.**

〈누구는 무엇을 하다〉 → 나는 가지고 있다
〈무엇을?〉 → 많은 스트레스
(스트레스 → 셀 수 없는 명사, much를 선택한다)

10. **I have many computers in my office.**

〈누구는 무엇을 하다〉 → 나는 가지고 있다
〈무엇을?〉 → 많은 컴퓨터(컴퓨터는 셀 수 있는 명사)
〈나머지〉 → ~에
〈어디에?〉 → 나의 사무실

> 구어체에서는 셀 수 없는 명사에도 앞에 a를 붙이거나 뒤에 '-s'를 붙이는 경우가 있다. 예를 들면 캔 커피를 줄여서 그냥 coffee라고 부르는 경우에 간단히 a coffee라고 한다. 캔, 컵과 같은 용기를 생략하고 그냥 셀 수 없는 명사를 제품으로 취급하여 셈을 하는 경우이다.

Chapter 2

나는 우유를 거의 마시지 않는다
I drink little milk.

셀 수 있는 명사와 셀 수 없는 명사를 비교하면서 여러 가지 표현을 배워 보자.

milk우유 : 셀 수 없는 명사	Pen(s)펜 : 셀 수 있는 명사
much milk 많은 (양의) a lot of milk 많은 (양의)	many pens 많은 (수의) a lof of pens 많은 (수의)
some milk 어느 정도의 (양의) a little milk 적은 (양의)	some pens 어느 정도의 (수의) a few pens 적은 (수의)
little milk 거의 없는 (양의)	few pens 거의 없는 (수의)
no milk 전혀 없는 (양의)	no pens 전혀 없는 (수의)

이해를 돕는 문제

01. 나는 우유를 조금 마신다.
02. 나는 거의 우유를 마시지 않는다.

해설

01 | I drink a little milk.

02 | I drink little milk.

KEY POINT

'나는 거의 커피를 마시지 않습니다'를 영어로 옮길 경우 little에 '거의 ~ 않다'라는 의미가 있기 때문에 부정문을 만드는 not을 사용할 필요가 없다.

영작하기

01. 나는 많은 친구를 가지고 있다(나는 친구가 많다).
→

02. 나는 많은 돈을 가지고 있다(나는 돈이 많다).
→

03. 나는 거의 없는 친구를 가지고 있다(나는 친구가 거의 없다).
→

04. 나는 친구를 몇 명 가지고 있다(나는 친구가 몇 명 있다).
→

05. 나는 거의 없는 돈을 가지고 있다(나는 돈이 거의 없다).
→

06. 나는 약간의 돈을 가지고 있다(나는 돈이 조금 있다).
→

07. 나는 전혀 없는 돈을 가지고 있다(나는 돈이 전혀 없다).
   → _____

08. 나는 전혀 없는 시간을 가지고 있다(나는 시간이 전혀 없다).
   → _____

09. 나는 전혀 없는 시간을 가지고 있다(나는 시간이 전혀 없다).
   → _____

10. 나는 많은 시간을 가지고 있다(나는 시간이 많다).
   → _____

ㄴ. 단어 | friend 친구 | have(has) 가지고 있다 | money 돈 | time 시간

Help

01 〈누구는 무엇하다〉에 해당하는 '나는 ~가 있다' 또는 '나는 ~을 가지고 있다'를 영작할 때 have를 사용한다.

02 '거의 없다', '전혀 없다'의 경우에는 '거의 없는 돈' 또는 '전혀 없는 돈'을 가지고 있다라고 표현한다.

눈으로 확인하기

01. **I have many friends.**
   〈누구는 무엇을 하다〉 → 나는 가지고 있다
   〈무엇을?〉 → 많은 친구
   (친구는 셀 수 있는 명사, 따라서 many를 쓴다)

02. I have much money.

〈누구는 무엇을 하다〉 → 나는 가지고 있다
〈무엇을?〉 → 많은 돈
(돈은 셀 수 없는 명사, 따라서 much를 쓴다)

03. I have few friends.

〈누구는 무엇을 하다〉 → 나는 가지고 있다
〈무엇을?〉 → 거의 없는 친구
(친구는 셀 수 있는 명사, 셀 수 있는 명사에 쓰이는 '거의 없는' 이라는 뜻의 형용사는 'few' 이다)

04. I have a few friends.

〈누구는 무엇을 하다〉 → 나는 가지고 있다
〈무엇을?〉 → 몇 명의 친구
(친구는 셀 수 있는 명사, 셀 수 있는 명사에 쓰이는 '몇 명의' 이라는 뜻의 형용사는 'a few' 이다)

05. I have little money.

〈누구는 무엇을 하다〉 → 나는 가지고 있다
〈무엇을?〉 → 거의 없는 돈
(돈은 셀 수 없는 명사, 셀 수 없는 명사에 쓰이는 '거의 없는' 이라는 뜻의 형용사는 'little' 이다)

06. I have some money.

〈누구는 무엇을 하다〉 → 나는 가지고 있다
〈무엇을?〉 → 약간의 돈
('약간' 이라는 뜻의 형용사 'some' 은 셀 수 있는 명사와 셀 수 없는 명사에 모두 사용할 수 있다)

07. I have no money.

〈누구는 무엇을 하다〉 → 나는 가지고 있습니다
〈무엇을?〉 → 전혀 없는 돈
(돈은 셀 수 없는 명사, 셀 수 없는 명사에 쓰이는 '전혀 없는' 이라는 뜻의 형용사는 'no' 이다)

08. I have no time.

〈누구는 무엇을 하다〉 → 나는 가지고 있습니다
〈무엇을?〉 → 전혀 없는 시간

(시간은 셀 수 없는 명사, 셀 수 없는 명사에 쓰이는 '전혀 없는'이라는 뜻의 형용사는 'no'이다)

09. I have little time.

〈누구는 무엇을 하다〉 → 나는 가지고 있습니다
〈무엇을?〉 → 거의 없는 시간
(시간은 셀 수 없는 명사, 셀 수 없는 명사에 쓰이는 '거의 없는'이라는 뜻의 형용사는 'little'이다)

10. I have much time.

〈누구는 무엇을 하다〉 → 나는 가지고 있습니다
〈무엇을?〉 → 많은 시간

---

01 | have의 원래 뜻은 '가지다', '가지고 있다'이지만 그외 다양한 상황에서도 사용된다.
I had my friends over. 친구들이 놀러왔다.
I had him come. 그를 오게 했다.
전혀 다른 뜻이 되는 것 같지만 곰곰이 생각해보면 '가지다'라는 뜻에서 파생된 것임을 알 수 있다. '누구를 여기로 가졌다'라는 말은 '누가 집에 왔다' 즉 '초대를 했다'는 뜻이 되는 것이고 '누구를 ~하게 가졌다'라는 말 역시 '시킨다'는 뜻으로 발전한다.

02 | little 자체에 부정의 의미가 있어서 have 동사를 부정하지 않아도 부정문이 된다.
I have little time. 나는 거의 없는 시간을 가지고 있다.
반대로 '많은 시간을 가지고 있지 않다'와 같이 have를 부정하여 don't have로 고쳐서 부정문을 만들 수 있다.
I don't have much time. 나는 많은 시간을 가지고 있지 않다.

Chapter 3

나는 청바지 한 벌을 가지고 있다
I have a pair of jeans.

셀 수 없는 명사는 그릇이나 용기에 담아서 그 수를 센다. 그리고 셀 수 있는 명사라도 세는 단위를 이용하여 셀 수 있다.

01 | glass
주스나 물과 같이 차가운 음료는 glass잔에 담아 센다.
- a glass of juice   한 잔의 주스
- two glasses of juice 두 잔의 주스
- three glasses of juice 세 잔의 주스

02 | cup
커피나 홍차와 같이 뜨거운 음료는 cup컵에 담아 센다.
- a cup of tea   한 컵의 홍차
- two cups of tea   두 컵의 차
- three cups of tea 세 컵의 차

03 | pair
신발이나 바지와 같이 두 개가 하나의 쌍을 이루는 것을 셀 때는 pair를 사용한다.
- a pair of shoes   신발 한 켤레
- two pairs of shoes 신발 두 켤레

04 | 기타

· two bottles of wine   와인 두 병
· two cans of beer   맥주 두 캔
· two bowls of rice   밥 두 그릇
· two loaves of bread   빵 두 덩어리

이해를 돕는 문제

01. 우유 두 잔
02. 커피 두 잔
03. 청바지 두 벌

↳ 단어 | milk 우유 | coffee 커피 | jeans 청바지

해설

01 | two glasses of milk

02 | two cups of coffee

03 | two pairs of jeans

KEY POINT

jeans청바지, glasses안경, pants바지, scissors가위 등은 모두 똑같이 생긴 것이 두 개가 있는 물건들이다. 바지는 다리가 두 개이고 안경은 알이 두 개이다. 그리고 가위는 칼이 두 개이다. 이런 단어들은 모두 항상 복수이며 pair를 사용해서 센다.

영작하기

01. 빵 한 덩어리 주세요(내가 빵 한 덩어리 가질 수 있을까요).
→ _____

02. 빵 두 덩어리 주세요(내가 빵 두 덩어리 가질 수 있을까요).
→ _____

03. 커피 세 잔 주세요(내가 커피 세 잔을 가질 수 있을까).
→ _____

04. 나는 안경이 두 개 있다(나는 안경 두 개를 가지고 있다).
→ _____

05. 나는 밥 세 그릇을 먹었다.
→ _____

06. 오렌지 주스 세 잔 주세요(오렌지 주스 세 잔을 가질 수 있을까요).
→ _____

07. 나는 녹차 두 잔을 매일 마신다.
→ _____

08. 나는 신발이 많다(나는 많은 켤레의 신발을 가지고 있다).
→ _____

09. 와인 네 병 주세요(나는 와인 네 병을 원한다).
→ _____

10. 나는 매일 우유를 마신다.

→ _____

ㄴ. 단어 | **May I have ~?** (내가) ~을 가질 수 있을까요? | **bread** 빵 | **loaf** 덩어리 | **glasses** 안경 | **rice** 밥 | **bowl** 그릇 | **eat(ate)** 먹다(먹었다) | **orange juice** 오렌지 주스 | **green tea** 녹차 | **shoes** 신발 | **wine** 와인 | **bottle** 병 | **want** 원하다 | **every day** 매일 | **milk** 우유 | **drink** 마시다

Help

01 | 신발이 많은 것을 얘기할 경우에는 much shoes많은 신발 혹은 many pairs of shoes많은 켤레의 신발로 표현할 수 있다.

02 | May I have ~?~을 가질 수 있습니까?라는 표현은 Give me ~~을 주세요의 공손한 표현 방법으로 빈번하게 쓰인다.

눈으로 확인하기

01. May I have a loaf of bread?

May I have + 빵 한 덩어리?
빵을 세는 단위는 'loaf' 이다.

02. May I have two loaves of bread?

May I have + 빵 두 덩어리?
빵을 세는 단위는 'loaf' 이며 복수형은 'loaves' 이다.

03. May I have three cups of coffee?

May I have + 커피 세 잔?
커피를 세는 용기는 'cup' 이다.

04. I have two pairs of glasses.

누구는 무엇을 하다 → 나는 가지고 있다

무엇을? → 안경 두 개
안경은 알 두 개가 하나의 쌍을 이루어 만들어진 단어이기 때문에 pair를 사용하여 셈한다.

05. I ate three bowls of rice.
누구는 무엇을 하다 → 나는 먹었다
무엇을? → 밥 세 그릇
밥은 bowl(그릇)에 담아서 셈한다.

06. May I have three glasses of orange juice?
May I have + 오렌지 주스 세 잔?
오렌지 주스와 같이 차가운 음료는 'glass' 에 담아서 셈한다.

07. I drink two cups of green tea every day.
누구는 무엇을 하다 → 나는 마신다
무엇을? → 녹차 두 잔
나머지 → 매일
녹차와 같이 뜨거운 음료는 'cup' 에 담아서 셈한다.

08. I have many pairs of shoes.
누구는 무엇을 하다 → 나는 가지고 있다
무엇을? → 많은 켤레의 신발
신발은 두 개가 짝 이루는 단어이므로 pair를 사용하여 셈한다.

09. May I have four bottles of wine?
May I have + 와인 네 병?
와인은 'bottle' 에 담아서 셈한다.

10. I drink milk every day.
누구는 무엇을 하다 → 나는 마신다
무엇을 → 우유
나머지 → 매일
우유는 셀 수 없는 단어이므로 'a' 나 복수의 '-s' 를 단어에 직접 붙일 수 없다.

may는 가능을 뜻하는 단어이다. 가능을 뜻하는 다른 단어로는 can이 있다. 그래서 May I have ~?~를 가져도 될까요?라는 문장은 Can I have ~?~를 가지는 것이 가능할까요?라는 문장으로 바꾸어 사용해도 된다.

Chapter 4

나의 집에는 방이 세 개 있습니다
There are three rooms in my house.

'어디에 무엇이 있다' 를 영어로 쓰는 방법을 알아보자.

공식

There is(are) + 무엇 + 어디에

There is a book in the bag. 그 가방 안에 책이 한 권이 있다.
There is a book on the desk. 그 책상 위에 책이 한 권이 있다.
There is a book under the chair. 그 의자 밑에 책이 한 권이 있다.

There are books in my bag. 내 가방 안에 책들이 있다.
There are two books in my bag. 내 가방 안에 책이 두 권 있다.
There are many books in my bag. 내 가방 안에 책이 많이 있다.
There are some books in my bag. 내 가방 안에 책이 좀 있다.
There are a few books in my bag. 내 가방 안에 책이 몇 권 있다.
There are a lot of books in my bag. 내 가방 안에 책이 많이 있다.
There are few books in my bag. 내 가방 안에 책이 거의 없다.
There are no books in my bag. 내 가방 안에 책이 전혀 없다.

이해를 돕는 문제

01. 나의 집에는 방이 세 개 있습니다.
02. 그 방에는 의자가 좀 있습니다.

ㄴ. 단어 | **my house** 나의 집 | **in** ~(안)에 | **room** 방 | **chair** 의자

해설

01 | There are three rooms in my house.

02 | There are some chairs in the room.

KEY POINT

There 다음에, 있는 것이 하나면 is, 2개 이상이면 are가 온다. 위의 문장들은 다음과 같이 서로 바꾸어 쓸 수 있다. 참고로 알아두자.

There are three rooms in my house.
= Three rooms are in my house. 세 개의 방이 나의 집에 있다.
= My house has three rooms. 나의 집은 세 개의 방을 가지고 있다.

There are some chairs in the room.
= Some chairs are in the room. 조금의 의자들이 그 방에 있다.
= The room has some chairs. 그 방은 조금의 의자들을 가지고 있다.

영작하기

01. 사과 10개가 있다.

→ _____

02. 그 상자 안에는 사과 10개가 있다.

→ _____

03. 한국에는 많은 도시들이 있다.

→ _____

04. 서울에는 10개의 도서관이 있다.

→ _____

05. 그 사무실 안에는 20명의 사람들이 있다.

→ _____

06. 그 학교에는 100명의 학생들이 있다.

→ _____

07. 그 도시에는 강이 하나 있다.

→ _____

08. 세계에는 200개의 나라들이 있다.

→ _____

09. 이번 달에는 많은 휴일이 있다(이번 달에는 휴일이 많다).

→ _____

10. 그 카페에는 거의 없는 손님이 있다(그 카페에는 손님이 거의 없다).

→ _____

└. **단어** | apple 사과 | box 상자 | in ~안에 | Korea 한국 | city(cities) 도시(도시들) | Seoul 서울 | library(libraries) 도서관(도서관들) | people 사람들 | holiday(s) 휴일(들) | customer(s) 고객(들) | river(s) 강(들) | this month 이번 달에는 | country(countries) 나라(들)

Help

원래 have는 there is/are의 의미를 가지고 있다. 그래서 '그 상자에는 사과 10개가 있다' 라는 문장을 The box has 10 apples라고도 할 수 있다. 하지만 여기서는 there is(are)를 사용하여 문장을 만들자.

눈으로 확인하기

01. There are <u>10 apples</u>.
   | 공식 | There is/are + 무엇 = There is/are + 사과 10개

02. There are <u>10 apples</u> in the box.
   | 공식 | There is/are + 무엇 + 어디 = There is/are + 사과 10개 + 그 상자 안에

03. There are <u>many cities</u> in Korea.
   | 공식 | There is/are + 무엇 + 어디 = There is/are + 많은 도시들 + 한국에

04. There are <u>10 libraries</u> in Seoul.
   | 공식 | There is/are + 무엇 + 어디 = There is/are + 10개의 도서관 + 서울에

05. There are <u>20 people</u> in the office.
   | 공식 | There is/are + 무엇 + 어디 = There is/are + 20명의 사람들 + 그 사무실 안에

06. There are <u>100 students</u> in the school.

| 공식 | There is/are + 무엇 + 어디 = There is/are + 100명의 학생들 + 그 학교에

07. There is <u>a river</u> in the city.

| 공식 | There is/are + 무엇 + 어디 = There is/are + 강 하나 + 그 도시에는

08. There are <u>200 countries</u> in the world.

| 공식 | There is/are + 무엇 + 어디 = There is/are + 200개의 나라들 + 세계에

09. There are <u>many holidays</u> this month.

| 공식 | There is/are + 무엇 + 어디 = There is/are + 많은 휴일 + 이번 달에

10. There are <u>few customers</u> in the cafe.

| 공식 | There is/are + 무엇 + 어디 = There is/are + 거의 없는 손님 + 그 카페에

'이번 달에는'의 경우에는 '~안에'를 뜻하는 전치사 in이 붙지 않는다.

5월에는 → in May
그 카페에는 → in the cafe

이번 달에는 → this month (in이 붙지 않는다)
다음 주에는 → next week (in이 붙지 않는다)
지난 해에는 → last year (in이 붙지 않는다)

Chapter 5

나의 가방은 그 책상 위에 있다
My bag is on the desk.

'There is/are~' 구문의 올바른 사용법을 알아보자.

누구의 것인지 확실하지 않은 것들이나 꼭 집어서 누구의 것이라는 말이 없는 경우는 There is/are ~ 구문을 사용한다. 그리고 '무엇이 어디에 있다' 라고 우리말로 옮긴다.

my나의, your당신의와 같이 누구의 것인지 확실할 경우는, 아래의 표현을 사용한다.

01 | 당신의 가방은 테이블 위에 있다. → Your bag is on the table.
　　　　1　　　　4　　3　　2　　　　1　　 2 3　　 4

02 | 그 가방은 테이블 위에 있습니다. → The bag is on the table.
　　　　1　　　4　　3　　2　　　　1　　2 3　　 4

---

01 | 우리말 주어가 '~이/가' 인 경우는 'There is/are' 구문을 사용한다.

02 | '~는(은)' 인 경우에는 'There is/are~' 구문이 아닌 '무엇은 ~에 있다' 라는 일반 문장을 사용한다.

이해를 돕는 문제

01. 그 책상 위에는 가방이 10개가 있다.
02. 나의 가방은 그 책상 위에 있다.

ㄴ. 단어 | desk 책상 | bag 가방 | my 나의

해설

01 | **There are 10 bags on the desk.**
(누구의 가방이란 말이 없기 때문에 There are를 사용했다)

02 | **My bag is on the desk.**
(구체적으로 누구의 가방이란 말이 있으므로 일반 문장을 사용했다)

KEY POINT

'어디에'의 '에'가 '~안에'의 의미로 사용되면 in, '~위에'라는 의미로 사용되면 on을 쓴다. 그외에도 '~아래에'는 under, '~옆에'는 next to를 쓴다. 하지만 단어 자체에 '에'라는 의미가 있으면 in, on을 쓰지 않는다. 예를 들면 here는 '여기에'란 뜻이고 there는 '거기에'란 뜻을 갖기 때문에 별도로 전치사를 붙이지 않는다.

영작하기

01. 당신의 핸드폰은 의자 밑에 있다.

→

02. 의자 밑에 핸드폰이 있다.

→ _____

03. 나의 핸드폰은 저기에 있다.

→ _____

04. 그의 핸드폰은 테이블 위에 있다.

→ _____

05. 그녀의 지갑은 나의 사무실 안에 있다.

→ _____

06. 내 사무실에 지갑이 많이 있다.

→ _____

07. 그녀의 지갑은 여기에 있다.

→ _____

08. 그 학교에는 충분한 공간이 있다.

→ _____

09. 시간이 많다(많은 시간이 있다).

→ _____

10. 물이 조금 있다.

→ _____

↳ **단어** | **cellular phone** 핸드폰 | **chair** 의자 | **under** ~아래에 | **there** 저기에 | **table** 테이블 | **her wallet** 그녀의 지갑 | **office** 사무실 | **in** ~안에 | **the school** 그 학교 | **enough space** 충분한 공간 | **time** 시간 | **a little water** 조금의 물

Help

다음과 같이 우리말을 분해해서 영어의 어순으로 다시 생각해야 한다.
시간이 많다 → 많은 시간이 있다
물이 조금 있다 → 조금의 물이 있다
셀 수 없는 명사(물, 시간, 공간 등)는 항상 단수로 취급하여 there is를 사용한다.

눈으로 확인하기

01. Your cellular phone is under the chair.
구체적으로 '당신의 핸드폰' 이란 말이 있으므로 일반 문장을 사용한다.

02. There is a cellular phone under the chair.
'누구의 핸드폰' 이란 말이 없기 때문에 There is를 사용한다.

03. My cellular phone is there.
구체적으로 '나의 핸드폰' 이란 말이 있으므로 일반 문장을 사용한다.
'저기에' 라는 뜻의 단어는 'there' 이며 '~에' 라는 뜻의 in을 따로 붙이지 않는다.

04. His cellular phone is on the table.
구체적으로 '그의 핸드폰' 이란 말이 있으므로 일반 문장을 사용한다.

05. Her wallet is in my office.
구체적으로 '그녀의 지갑' 이란 말이 있으므로 일반 문장을 사용한다.

06. There are many wallets in my office.
'누구의 지갑' 이란 말이 없기 때문에 There is/are 구문을 사용한다.

우리말 문장을 영어답게 고치면 '내 사무실에 많은 지갑이 있다' 가 된다.
　　　　　　　　　　　3　　　　2　　　1 (There is/are)

07. Her wallet is here.

구체적으로 '그녀의 지갑' 이란 말이 있으므로 일반 문장을 사용한다.
우리말의 '여기에' 라는 말은 영어의 here에 해당하며 우리말 조사에 해당하는 영어 in을 사용하지 않는다.

08. There is enough space in the school.

구체적으로 '누구의 공간' 이란 말이 없으므로 There is/are 구문을 사용한다.
'그 학교에는' 이라는 말은 '어디에' 라는 우리말 조사에 해당하는 영어 'in' 을 사용해야 한다.

09. There is much time.

우리말로 '시간이 많다' 라는 말을 영어식으로 바꾸면 '많은 시간이 있다' 가 된다.
구체적으로 누구의 시간이라는 말이 없기 때문에 There is/are 구문을 사용한다.

10. There is a little water.

우리말 문장을 영어문장답게 고치면 '조금의 물이 있습니다' 가 된다.
　　　　　　　　　　　　　　　　2　　　1 (There is/are)

---

01 | 셀 수 없는 명사가 있다고 할 때는 There are를 쓸 수 없다는 것을 기억하자. 셀 수 없는 것이 아무리 많아도 그 단어 끝에 '-s' 를 붙이지 않기 때문에 항상 There is를 사용한다. 단, 용기에 담아서 세는 경우 그 용기가 복수일 때에는 There are를 쓴다.

02 | 아무리 많은 단어가 연결되어 있어도 is나 are 앞에 오는 것은 주어 한 묶음이다.
<u>Your cellular phone</u> is under the chair.
　　주어 한 묶음

03 | 영어에서 가장 먼저 말해야 하는 〈무엇이 무엇하다〉 부분을 말하고 나면 그 다음에는 전치사를 배치해야 한다. 그래야 질문이 생기고 그 질문에 답을 하는 것으로 문장이 완성되기 때문이다.
'당신의 핸드폰이 있다' + under~아래〈어디 아래?〉 the chair그 의자
→ Your cellular phone is under the chair.

Chapter 6

이 지역은 눈이 많이 내린다
There is a lot of snow in this area.

There is/are~ 구문은 예상보다 많이 사용된다. 우리가 쉽게 영어로 떠올리지 못하는 우리말 중에는 사실 there is/are를 이용하는 문장들이 많다. '~이(가) 많다', '~이(가) 없다', '~이(가) 조금 있다' 와 같은 우리말은 there is/are구문을 사용해서 만드는데 그러기 위해서는 우리말을 아래와 같은 영어식으로 바꿔야 편리하다.

우리말	영어식 문장
'~이 많다'	→ '많은 ~가 있다'
'~이 없다'	→ '전혀 없는 ~가 있다'
'~이 조금 있다'	→ '조금의 ~가 있다'

There is/are ~ 구문의 응용

'사람이 많다' 라는 우리말을 영어로 고칠 때 많은 사람들이 People are many라고 옮기기 쉽다. 하지만 People are many라는 말은 하지 않는다. '사람이 많다' 라는 문장을 영어로 만들 때에는 There are many people많은(수의) 사람들이 있다이라고 해야 한다. 이것이 영어식 문법이다.

이해를 돕는 문제

01. 하늘에 달이 떠 있다.
02. 이 지역은 눈이 많이 내린다.

ㄴ **단어** | **in the sky** 하늘에 | **moon** 달 | **this area** 이 지역 | **in** ~안에는 | **a lot of snow** 많은 눈

해설

01 | 하늘에 달이 떠 있다 → 달이 있다 하늘에
→ There is a moon in the sky.

02 | 이 지역은 눈이 많이 내린다 → 많은 눈이 있다 이 지역에
→ There is a lot of snow in this area.

KEY POINT

snow는 셀 수 없는 명사이므로 항상 단수로 취급한다. 그러므로 a lot of 많은라는 형용사가 있어도 be동사는 is가 온다. 'a lot of~'는 셀 수 있는 명사와 셀 수 없는 명사에 둘 다 사용할 수 있다.

영작하기

01. 이 지역은 비가 많다.

→ _____

02. 이 지역은 바람이 강하다.

→ _____

03. 한국에는 의사들이 많다.
→ _____

04. 속초에는 눈이 많이 온다.
→ _____

05. 우리 회사에는 차가 많이 세워져 있다.
→ _____

06. 이 호수에는 물이 많다.
→ _____

07. 문에 누군가 와 있다.
→ _____

08. 누군가 저기 있다.
→ _____

09. 저기 남자들이 있다.
→ _____

10. 오늘은 서리가 많이 끼었다.
→ _____

ㄴ. 단어 | this area 이 지역 | rain 비 | wind 바람 | strong 강한 | in Korea 한국에는 | doctor 의사 | Sokcho 속초 | snow 눈 | our company 우리 회사 | car 차 | this lake 이 호수 | water 물 | someone 누군가 | door 문 | there(over there) 저기에 | man(men) 남자(남자들) | today 오늘 | frost 서리

Help

우리말로 '~은/는' 으로 되어 있는 것 중에서 '~에는(장소)'의 의미인 것이 많다.

속초는 → 속초에는, 이 호수는 → 이 호수에는

이런 경우에는 'in + 장소'로 쓴다.

속초는 → 속초에는 in Sokcho

이 호수는 → 이 호수에는 in this lake

눈으로 확인하기

01. There is <u>much(a lot of) rain</u> in this area.
 많은 비(o), 비가 많다(x)

02. There is <u>strong wind</u> in this area.
 강한 바람(o), 바람이 강하다(x)

03. There are <u>many doctors</u> in Korea.
 많은 의사(o), 의사가 많다(x)

04. There is <u>much(a lot of) snow</u> in Sokcho.
 많은 눈(o), 눈이 많다(x)

05. There are <u>many(a lot of) cars</u> in our company.
 많은 차(o), 차가 많다(x)

06. There is <u>much(a lot of) water</u> in this lake.
 많은 물(o), 물이 많다(x)

07. There <u>is</u> someone at the door.
 단수(누군가)

08. There <u>is</u> someone(over) there.
        단수 (누군가)

09. There <u>are</u> men(over) there.
        복수 (남자들)

10. There is <u>much(a lot of) frost</u> today.
        많은 서리(o), 서리가 많다(x)

> '비'는 셀 수 없는 명사이다. '많은'이라는 형용사 many, much, a lot of 중에서 셀 수 없는 명사에 쓸 수 있는 것은 'much'와 'a lot of'이다. 하지만 아무리 많더라도 셀 수 없는 명사일 경우 절대 복수가 될 수 없으므로 be동사는 is가 된다는 것에 주의하자.

Part 4

Magic English Writing

날짜, 시간, 장소를 영어로 쓰기

Chapter 1

밖에는 비가 오고 있다
It's raining outside.

우리말을 영어로 옮길 때에는 제일 먼저 '누가 무엇을 하다'를 쓴 다음 질문이 생기면 답을 하는 식으로 문장을 완성한다.

01 │ '누가 무엇을 하다'에서 '누가'에 해당하는 주어가 없는 경우
→ 가짜 주어 It을 사용한다.

02 │ '누가 무엇을 하다'에서 동작을 표현하는 '무엇을 하다'에 해당하는 부분이 없는 경우
→ be동사(am, is, are)를 사용한다. ('be동사+나머지 단어'의 순서로 사용되어 '누가 어떤 상태이다', '누가 무엇이다'라고 해석된다)

그럼 여기서는 '누가'에 해당하는 주어가 없는 경우에 대해서 알아보자.

가짜 주어 It

01 │ A: 지금 몇 시입니까?
B: 8시입니다. → It is eight o'clock.

02 │ A: 오늘 날씨는 어때요?
B: 화창합니다. → It is sunny.

03 | A : 학교까지 거리가 얼마입니까?
　　　　B : 500m입니다. → It is 500m.

04 | A : 회사까지 시간이 얼마나 걸리죠?
　　　　B : 한 시간 걸립니다. → It takes one hour.

　　B의 대답에는 모두 주어(누가, 무엇이 등)가 없다. 이렇게 주어가 없는 경우에는 가짜 주어인 it을 사용한다. 1, 2, 3번의 경우에는 '무엇을 하다' 라는 동작을 표현하는 부분이 없고 '~이다' 로 끝나기 때문에 be동사(is)를 사용하였다. 4번에서는 '무엇을 하다' 에 해당하는 부분이 '걸립니다(take)' 이기 때문에 be동사를 쓰지 않았다.
　　위의 대화는 모두 '시간, 날씨, 거리' 에 대한 것이다. 즉 시간을 말하거나 (몇 시 몇 분이다) 날씨를 표현할 때(화창하다, 흐리다, 비가 오다 등) 외에도 거리를 나타내거나 요일, 명암 등을 말할 때에도 가짜 주어인 it을 사용한다.

이해를 돕는 문제

01. 밖에는 비가 오고 있다.
02. 현재 3시 30분이다.

└ **단어** | outside 밖에는 | raining 비가 오는 | now 현재, 지금 | 3:30(three thirty) 3시 30분

해설

01 | It's raining outside.

02 | It is 3:30 now.

KEY POINT

우리말을 영어로 옮길 때 우선 문장에서 주어가 무엇인지를 찾아야 한다. 주어가 보이지 않는다면 가짜 주어인 It을 사용한다.

It is raining + outside

It is 3:30 + now

이와 같이 outside나 now는 문장에서 엑스트라 역할을 하는 것이다. 즉 없어도 문장을 이해하는 데 지장이 없으면서, 문장의 의미를 보조하거나 의미를 더하는 역할을 한다. 이런 것들을 우리는 '부사'라고 한다.

영작하기

01. (날씨가) 흐리다.

   → _____

02. 밖은 캄캄하다.

   → _____

03. 현재 5시이다.

   → _____

04. 오늘은 바람이 분다.

   → _____

05. 나의 책이다.

   → _____

06. 가깝다.

　　→ _____

07. 괜찮다.

　　→ _____

08. 월요일이다.

　　→ _____

09. 너무 늦었다.

　　→ _____

10. 파랗다.

　　→ _____

ㄴ. 단어 | cloudy 날씨가 흐린 | outside 밖(에)은 | dark 캄캄한 | five o'clock 5시 | now 현재 | windy 바람이 부는 | today 오늘(은) | my book 나의 책 | near 가까운 | okay 괜찮은 | Monday 월요일 | too late 너무 늦은 | blue 파란

Help

'오늘은'의 경우에는 주어가 될 수도 있고 부사가 될 수도 있지만 여기서는 부사로 엑스트라 역할을 하는 경우를 연습하고, 주어로는 가짜 주어인 it을 사용하자.

　　Today is windy. (○) → today가 주어로 사용된 경우
　　It is windy today. (○) → today가 부사로 사용된 경우

모두 주어가 없고 '~이다'에 해당하는 것들만 있다. 주어가 없다고 비워두면 틀린 문장이 되므로 가짜 주어인 it을 사용하여 문장을 완성하자.

눈으로 확인하기

01. It is cloudy.
    날씨를 이야기할 때는 항상 가짜 주어 it을 사용한다.

02. It is dark outside.
    '밖은'이 주어가 되지 않는다.

03. It is 5 o'clock now.
    '현재'가 주어가 되지 않는다.

04. It is windy today. 또는 Today is windy.
    Today는 주어가 될 수도 있고 부사가 될 수도 있다. '바람'이 주어가 되지 않는다.

05. It is my book.
    가짜 주어 it

06. It is near.
    의미 없는 주어 it

07. It is okay.
    의미 없는 주어 it

08. It is Monday.
    의미 없는 주어 it, 요일을 말할 때도 항상 주어는 it을 사용한다.

09. It is too late.
    의미 없는 주어 it

10. It is blue.
    의미 없는 주어 it

01 today와 마찬가지로 outside의 경우에도 부사로서 문장의 뒤에 오는 경우가 있고 명사로서 주어가 되는 경우도 있다.
It is windy today. → Today is windy.
It is dark outside. → Outside is dark.

02 '누가 무엇을 하다' 에서 '무엇을 하다' 라는 동작 대신에 '흐리다' 라고 하여 '어떤 상태이다' 로 해석되는 부분은 일반동사를 쓰지 않고 be동사를 쓴다.

03 시간과 거리 그리고 날씨뿐만 아니라 '명암' 을 나타낼 때에도 가짜 주어 it을 사용한다. '캄캄하다' 즉 '어떤 상태이다' 로 해석되기 때문에 be동사를 사용하는 것이다.

Chapter 2

오늘은 바람이 분다
It is windy today.

앞 장에서도 잠깐 설명을 했듯이 today는 주어의 자리에도 올 수가 있고 부사의 자리에도 올 수 있다. 그것은 today가 명사이기도 하고 부사이기도 하기 때문이다. 명사로서의 today와 부사로서의 today의 쓰임을 알아보자.

today의 사용법

01 | 부사는 완전한 영어문장 다음에 덧붙이는 엑스트라이다.
02 | 명사는 주어(~는/이/가) 자리에 사용할 수 있다.

(부사) 흐리다 + 오늘 → It is cloudy today.(없어도 문장의 의미가 통한다.)
(명사) 오늘은 + 흐리다 → Today is cloudy.(주어로 사용됨)
(명사) 마감은 오늘이다. → The deadline is today.(보어로 사용됨)

이해를 돕는 문제

01. 오늘은 바람이 붑니다(부사로 쓰임).
02. 오늘은 바람이 붑니다(명사로 쓰임).

└ 단어 | today 오늘 | windy 바람이 부는

해설

01 | It is windy today.

02 | Today is windy.

KEY POINT

today오늘뿐 아니라 yesterday어제, tomorrow내일, now지금와 같은 단어는 부사로도 사용할 수 있고 명사로도 사용할 수 있다.

영작하기

01. 오늘은 월요일이다(부사).

    → _____

02. 오늘은 월요일이다(명사).

    → _____

03. 어제는 월요일이었다(부사).

    → _____

04. 어제는 월요일이었다(명사).

    → _____

05. 내일은 월요일이다(부사).

    → _____

06. 내일은 월요일이다(명사).

→ _____

07. 지금은 저녁이다(부사).

→ _____

08. 지금은 저녁이다(명사).

→ _____

09. 내일은 화창할 것이다(부사).

→ _____

10. 내일은 화창할 것이다(명사).

→ _____

┗ **단어** | **yesterday** 어제 | **today** 오늘 | **tomorrow** 내일 | **evening** 저녁 | **sunny** 화창한

Help

'내일은 월요일이다'를 영어로 옮길 때 will be~일 것이다를 사용하지 않고 is를 사용한다. 왜냐하면 월요일일 것이다라고 예상하는 것이 아니기 때문이다. 이처럼 달력에 이미 나온 것들은 확실한 것으로 미래에 대한 예측이 아니므로 is를 사용한다.

하지만 '내일은 화창할 것이다'의 경우에는 미래를 표현하는 will be를 사용한다.

눈으로 확인하기

01. It is Monday today.

부사는 문장의 맨 뒤에 위치한다. → It + 월요일입니다 + 오늘
'오늘은' 이 부사로 사용되고 있다.

02. Today is Monday.

'오늘은(명사)' 은 주어 역할을 하므로 문장의 맨 앞에 위치한다.

03. It was Monday yesterday.

부사는 문장의 맨 뒤에 위치한다. → It + 월요일이었다 + 어제
주어 부분이 없다. 따라서 가짜 주어인 it을 사용한다.

04. Yesterday was Monday.

'누가(무엇이) 무엇을 하다' 에서,
'누가(무엇이)' 에 해당하는 주어는 '어제는(Yesterday)' 이다.

05. It is Monday tomorrow.

→ It + 월요일이다 + 내일

06. Tomorrow is Monday.

'누가(무엇이) 무엇을 하다' 에서,
'누가(무엇이)' 에 해당하는 주어는 '내일은(Tomorrow)' 이다.

07. It is evening now.

→ It + 저녁이다 + 지금

08. Now is evening.

'누가(무엇이) 무엇을 하다' 에서 '누가(무엇이)' 에 해당하는 주어는 '지금은(Now)' 이다.

09. It will be sunny tomorrow.

→ It will be + 화창한 + 내일

10. Tomorrow will be sunny.

'누가(무엇이) 무엇을 하다'에서,
'누가(무엇이)'에 해당하는 주어는 '내일은(Tomorrow)'이다.

→ 주어 + ~일 것이다(will be) + 화창한

---

01 | 가짜 주어 It은 현재형 be동사 is와 과거형 be동사 was와 함께 쓴다.

02 | today, tomorrow와 같은 단어가 명사로서 주어로 쓰일 때에도 역시 be동사는 is와 was를 쓴다.

Chapter 3

서울은 복잡하다
Seoul is crowded.

앞 장에서 살펴본 오늘, 어제, 내일의 경우처럼 두 가지로 영작이 가능한 예들을 살펴보자. 예를 들어 '사무실은 덥다' 의 경우에 '덥다 + 사무실 안은' 과 '사무실은+ 덥다' 와 같이 두 가지 방법으로 영작을 할 수 있다.

즉, 우리말 문장에서 사무실, 서울, 부산과 같이 장소가 주어가 되는 경우를 영작할 때는, 이와 같이 두 개의 문장으로 만들 수 있다.

이해를 돕는 문제

01. 그 사무실은 덥다.
02. 부산은 덥다.
03. 서울은 복잡하다.

ㄴ 단어 | the office 그 사무실 | hot 더운 | crowded 복잡한

해설

01 | **The office is hot**(명사).
　　 It is hot in the office(부사).

02 | **Busan is hot**(명사).
　　 It is hot in Pusan(부사).

03 | Seoul is crowded(명사).
　　　It is crowded in Seoul(부사).

KEY POINT

'덥다' 라고 말할 때는 주어(~는)가 없기 때문에 'It is + 더운'의 어순으로 만들고 '부산은', '서울은', '사무실은' 과 같이 장소를 뒤에 붙여준다.

영작하기

01. 서울은 흐리다(명사).
　→ _____

02. 서울은 흐리다(부사).
　→ _____

03. 속초는 눈이 온다(명사).
　→ _____

04. 속초는 눈이 온다(부사).
　→ _____

05. 우리 사무실은 춥다(명사).
　→ _____

06. 우리 사무실은 춥다(부사).
　→ _____

07. 내 집은 시원하다(명사).

→ _____

08. 내 집은 시원하다(부사).

→ _____

09. 대전은 비가 온다(명사).

→ _____

10. 대전은 비가 온다(부사).

→ _____

↳ 단어 | cloudy 흐린 | snowy 눈이 내리는 | cold 추운 | cool 시원한 | rainy 비 오는

눈으로 확인하기

01. <u>Seoul</u> is cloudy.
    명사(주어)

02. It is cloudy <u>in Seoul</u>.
    부사(전치사+명사)

03. <u>Sokcho</u> is snowy.
    명사(주어)

04. It is snowy <u>in Sokcho</u>.
    부사(전치사+명사)

05. Our <u>office</u> is cold.
    명사(주어)

06. It is cold <u>in our office</u>.
　　　　　　　부사(전치사+명사)

07. My <u>house</u> is cool.
　　　　명사(주어)

08. It is cool <u>in my house</u>.
　　　　　　　부사(전치사+명사)

09. <u>Daejun</u> is rainy.
　　　명사(주어)

10. It is rainy <u>in Daejun</u>.
　　　　　　　부사(전치사+명사)

---

01 | in Seoul과 in the house를 비교해보자. 서울과 같은 지명 이름에는 a, the와 같은 관사가 붙지 않는다. 물론 끝에 '-s'를 붙이지도 않는다. 반면에 house의 경우에는 in a house(일반적인 아무 집 하나)와 같이 표현하거나 in the house(특정한 그 집)와 같이 꼭 집어서 말을 해야 한다.

02 | '누가(무엇이) 무엇을 하다'에서 '누가(무엇이)'에 해당하는 주어가 없다면 가짜 주어 'it'을 주어로 사용한다.
'무엇을 하다'의 동작을 표현하는 부분이 없고 '눈 옵니다'와 같은 '어떤 상태이다'로 해석되는 부분에는 be동사를 사용하여 'be동사+눈 오는'과 같이 쓴다.

03 | cloud구름에 y를 붙여서 cloudy구름이 낀, 흐린란 말이 되었다.
wind바람 + y → windy 바람이 부는
rain비 + y → rainy 비가 오는
sun태양 + y → sunny 맑은

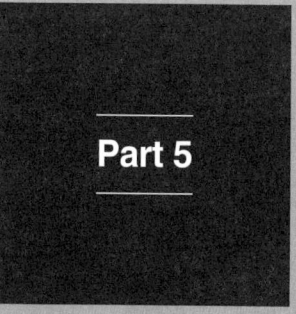

Part 5

Magic English Writing

더욱 정확한 영작문을 위한 연습

Chapter 1

나의 부모님은 매일 아침 걷는다
My parents walk every morning.

좀더 정확한 영작문을 위해 동사(상태를 표현하는 be 동사, 동작을 표현하는 일반동사)의 사용법을 공부하자.

am, is, are와 '-s'가 붙는 동사의 관계

	be동사	have(has)	일반동사(동작)
말하는 사람(나)	I am	I have	I read
상대방(당신)	You are	You have	You read
두 명 이상(우리) (그들)	We are They are	We have They have	We read They read
다른 한 사람(이름) (그 남자) (그 여자)	James is He is She is	James has He has She has	James reads He reads She reads

나(1인칭)와 당신(2인칭)은 말을 하고 말을 듣는 대화의 주체이다. 그외 사람들은 모두 3인칭이다. 3인칭은 그 남자, 그 여자, 저 사람들 그리고 나와 당신 이외의 사람 이름(James, Tom, Susan 등)들을 모두 포함한다. 이 사람들은 대화를 하고 있는 나와 당신 이외의 사람들인 것이다. 여기서 중요한 것은 3인칭 중에서 단수 즉 한 사람일 경우인데, 주어가 3인칭 단수일 경우는 동사 끝에 항상 '-s'가 붙는다.

이해를 돕는 문제

01. 나의 아버지는 매일 아침에 걷는다.
02. 나의 부모님은 매일 아침에 걷는다.

단어 | my father 나의 아버지 | my parents 나의 부모님 | every morning 매일 아침에 | walk 걷는다

해설

01 | My father walks every morning.

02 | My parents walk every morning.

KEY POINT

My father는 3인칭 단수이다. 나는 지금 나의 아버지가 아닌 다른 누군가와 아버지에 관해 이야기를 하고 있는 것이다. parents부모님은 두 명이기 때문에 항상 복수이다.

영작하기

01. 나의 여자 형제는 일요일마다 교회에 간다.

    → _____

02. 그녀의 친구들은 매주 일요일에 교회에 간다.

    → _____

03. 그는 돈을 좋아한다.

→ _____

04. 사람들은 돈을 좋아한다.

→ _____

05. 나의 허리가 아프다.

→ _____

06. 나의 손이 아프다(양손).

→ _____

07. 그녀의 어머니는 매일 아침에 기도한다.

→ _____

08. 그녀와 그녀의 어머니는 매일 아침에 기도한다.

→ _____

09. Susan은 매년 바이올린을 연주한다.

→ _____

10. Tom과 James는 매년 피아노를 연주한다.

→ _____

ㄴ. **단어** | sister 여자형제 | every Sunday 일요일마다 | go(es) to church 교회에 가다 | friend(s) 친구(들) | money 돈 | like(s) 좋아하다 | people 사람들 | my back 나의 허리 | hurt(s) 아프다 | my hands 나의 손 | her mother 그녀의 어머니 | every morning 매일 아침 | pray 기도하다 | every year 매년 | violin 바이올린 | play 연주하다

Help

일반동사 go가다 앞에 주어로 3인칭 단수가 올 경우 go에는 '-es'가 붙는다는 점을 기억하자. 주어가 사람이 아니더라도 그것이 3인칭 단수인지 복수인지를 생각해서 3인칭 단수라면 뒤에 나오는 동사에 '-s'를 붙인다. 주어가 '누구와 누구'처럼 쓰여 있는 경우는 복수이다.

눈으로 확인하기

01. <u>My sister</u> <u>goes</u> to church every Sunday.
    　　1명　　　es

02. <u>Her friends</u> <u>go</u> to church every Sunday.
    　　2명 이상　s(x)

03. <u>He</u> <u>likes</u> money.
    　1명　s

04. <u>People</u> <u>like</u> money.
    　2명 이상　s(x)

05. <u>My back</u> <u>hurts</u>.
    　　1개　　s

06. <u>My hands</u> <u>hurt</u>.
    　　2개　　s(x)

07. <u>Her mother</u> <u>prays</u> every morning.
    　　1명　　s

08. <u>She and her mother</u> <u>pray</u> every morning.
    　　2명　　　　　s(x)

09. <u>Susan</u> <u>plays</u> violin every year.
    　1명　　s

10. <u>Tom and James</u> <u>play</u> piano every year.
    　　2명　　　　s(x)

01 | 일단 〈누구는〉 또는 〈무엇은〉과 같이 '은', '는' 으로 끝나는 부분(주어)이 단수인지 복수인지를 구분한다. 복수일 경우에는 별다른 변화가 없다. 단수일 경우에는 3인칭인지 아닌지를 본다. 3인칭이란 '나' 와 '너' 를 제외한 나머지이다.

02 | back은 '뒤' 라는 뜻이다. back이 신체 부위를 가리킬 때에는 '등' 이기도 하고 '허리' 이기도 한다.

03 | 위에 나오는 '어디가 아파요' 라는 말은 중요한 표현이므로 꼭 암기해두자.
→ 〈신체 부위〉 + hurt(s).

Chapter 2

모든 회의실이 꽉 찼습니다
All meeting rooms are packed.

each, every 그리고 all을 구별해보자.

01 | each book 각각의 책
　　Each book has a name. 각각의 책은 이름이 있다.
02 | every book 어떤 책
　　Every book has a name. 어떤 책도 이름이 있다.
03 | all (the) books 모든 책
　　All (the) books have names. 모든 책들은 이름이 있다.

위의 문장들을 살펴보면 모두 뜻이 같다는 것을 알 수 있다. 하지만 약간의 뉘앙스 차이가 있음을 느낄 수 있다. 이야기를 하는 상황에 맞게 골라서 사용해야 한다. 중요한 것은 each와 every 다음에 오는 명사는 항상 단수이며, all 다음에 오는 명사는 항상 복수형이 된다는 것이다. 따라서 뒤에 따르는 동사의 사용에도 주의해야 한다.

이해를 돕는 문제

01. 모든 회의실이 꽉 찼다.
02. 각각의 방은 사람들로 꽉 찼다.

　　　　ㄴ 단어 | meeting room 회의실 | packed 꽉 찬 | with people 사람들로

해설

01 | All meeting rooms are packed.

02 | Each room is packed with people.

KEY POINT

packed는 형용사이므로 be동사와 함께 사용한다. all meeting rooms는 복수이므로 be동사 are를 쓰고 each room은 단수이므로 be동사 is를 쓴다.

영작하기

01. 어떤 사람도 이름이 있다.
   → _____

02. 각각의 사람은 이름이 있다.
   → _____

03. 모든 사람들은 이름이 있다.
   → _____

04. 모든 차는 비싸다.
   → _____

05. 어떤 차도 비싸다.
   → _____

06. 각각의 차는 비싸다.
   → _____

07. 모든 애완동물들은 귀엽다.
   → _____

08. 어떤 애완동물도 귀엽다.
   → _____

09. 각각의 기계는 기능이 있다.
   → _____

10. 모든 기계는 기능이 있다.
   → _____

ㄴ. 단어 | person 사람 | people 사람들 | name 이름 | car 차 | expensive 비싼 | pet 애완동물 | cute 귀여운 | machine 기계 | function 기능

Help

'~이 있다' 는 have(has)를 사용하여 '~을 가지고 있다' 로 영작한다. 예를 들어 '어떤 사람도 이름이 있다' 의 경우에 Every person has a name 과 같이 has를 이용하여 '이름을 가지고 있다' 로 영작한다. 한 사람을 나타낼 때에는 person이고 복수 즉 두 명 이상의 사람을 나타낼 때에는 people 사람들을 쓴다.

눈으로 확인하기

01. <u>Every</u> person <u>has</u> a name.
    단수

02. <u>Each</u> person <u>has</u> a name.
    각각의 - 단수

03. <u>All</u> people <u>have</u> names.
    모든 사람들 - 복수

04. <u>All</u> cars <u>are</u> expensive.
    모든 사람들 - 복수

05. <u>Every</u> car <u>is</u> expensive.
    단수

06. <u>Each</u> car <u>is</u> expensive.
    각각의 - 단수

07. <u>All</u> pets <u>are</u> cute.
    모든 애완동물들 - 복수

08. <u>Every</u> pet <u>is</u> cute.
    단수

09. <u>Each</u> machine <u>has</u> a function.
    각각의 - 단수

10. <u>All</u> machines <u>have</u> functions.
    모든 기계들 - 복수

01 | '이름이 있다', '기능이 있다'와 같은 문장들을 영작할 때는 제일 먼저 '이름을 가지고 있다'와 '기능을 가지고 있다'와 같이 영어답게 우리말을 고쳐서 생각한다.
'나는 돈이 없다' 또는 '나는 돈이 있다'라는 문장을 예로 외워두자.
나는 돈이 없다 → 나는 없는 돈을 가지고 있다 / 나는 돈을 가지고 있지 않다
나는 돈이 있다 → 나는 돈을 가지고 있다

02 | 사람을 표현하는 말에는 여러 가지가 있다.

person : 사람을 표현하는 대표적인 말
  one person, two persons, three persons…

human : 인간을 표현하는 말 (동물과 반대 개념)
  I am a human.

people : persons사람들와 같은 말로 항상 복수 취급
  3 people

Chapter 3

모두가 James를 좋아한다
Everyone likes James.

everyone과 everything의 사용법을 기억하자.

01 | everyone, everybody 누구라도, 모두
02 | everything 전부, 모두

주의

01 | everyone은 '사람'을, everything은 '사물'을 나타낸다. '모두' 라는 말이 사람을 가리킬 경우에는 everyone을, 사물을 가리킬 경우에는 everything을 사용한다.
02 | everyone과 everything의 'every'는 '하나하나의' 라는 의미로 단수 취급한다. Everyone is ~, Everything is ~와 같이 everyone과 everything은 하나(단수)로 셈하며 뒤에 일반동사가 올 경우에는 '-s'를 붙인다.

이해를 돕는 문제

01. 모두 나의 것입니다.
02. 모두가 James를 좋아합니다.

└ 단어 | mine 나의 것 | like(s) 좋아하다

해설

01 | Everything is mine.

02 | Everyone likes James.

KEY POINT

everyone과 everything은 단수이기 때문에 be동사 중 is를 사용하고 'like좋아하다' 와 같은 일반동사에는 '-s' 를 붙인다(likes).

영작하기

01. 모두 나이를 먹는다.
  →

02. 누구나 약점을 가지고 있다.
  →

03. 여기는 모두 비싸다.
  →

04. 모든 사람들은 죽는다.
  →

05. 모두가 그 사장을 싫어한다.
  →

06. 만사 오케이다.

   →＿＿＿＿＿＿＿＿＿＿＿＿＿＿＿＿＿＿＿＿＿＿＿＿

07. 돈이 전부는 아니다.

   →＿＿＿＿＿＿＿＿＿＿＿＿＿＿＿＿＿＿＿＿＿＿＿＿

08. 모든 것이 준비됐다.

   →＿＿＿＿＿＿＿＿＿＿＿＿＿＿＿＿＿＿＿＿＿＿＿＿

09. 사랑이 내 인생에 전부다.

   →＿＿＿＿＿＿＿＿＿＿＿＿＿＿＿＿＿＿＿＿＿＿＿＿

10. 나는 모든 것을 시도해봤다.

   →＿＿＿＿＿＿＿＿＿＿＿＿＿＿＿＿＿＿＿＿＿＿＿＿

ㄴ. **단어** | **get(s) old** 나이를 먹다 | **weakness** 약점 | **expensive** 비싼 | **die(s)** 죽다 | **boss** 사장 | **hate(s)** 싫어하다 | **okay** 오케이 | **money** 돈 | **ready** 준비된 | **in my life** 내 인생에 | **try(tried)** 시도하다(시도했다)

Help

everyone과 everything은 3인칭 단수로서 이들이 주어일 경우에 be동사는 is를 쓰고 동작을 표현하는 일반동사에는 '-s'를 붙인다.

눈으로 확인하기

01. **Everyone gets old.**
     한 사람 한 사람 → 모든 사람

02. **Every<u>one</u> ha<u>s</u> a weakness.**
　　　한 사람 한 사람 → 모든 사람

03. **Every<u>thing</u> i<u>s</u> expensive here.**
　　　하나하나 → 모든 것

04. **Every<u>one</u> die<u>s</u>. 또는 All people die.**
　　　한 사람 한 사람 → 모든 사람

05. **Every<u>one</u> hate<u>s</u> the boss.**
　　　한 사람 한 사람 → 모든 사람

06. **Every<u>thing</u> i<u>s</u> okay.**
　　　하나 하나 → 모든 것

07. **Money is not every<u>thing</u>.**
　　　　　　하나 하나 → 모든 것

08. **Every<u>thing</u> is ready.**
　　　하나 하나 → 모든 것

09. **Love is every<u>thing</u> in my life.**
　　　　　　하나 하나 → 모든 것

10. **I tried every<u>thing</u>.**
　　　하나 하나 → 모든 것

7번의 경우에 먼저 '돈이 전부이다'를 영작하면 'money+be동사+전부'의 순서가 된다. 문제는 '돈이 전부가 아니다'이기 때문에 이 문장을 부정해야 한다. be동사가 있는 문장의 부정은 be동사 다음에 not만 넣으면 된다는 사실을 기억하자.

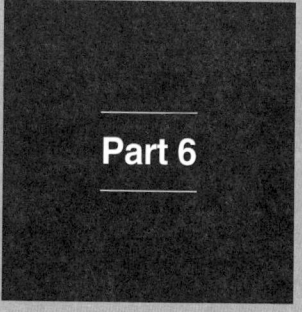

Magic English Writing

영어로 질문하기

Chapter 1

그 가방 안에 무엇이 있습니까?
What is in the bag?

질문을 할 때 가장 많이 쓰이는 '무엇?' 을 뜻하는 의문사 what에 대해서 연습하자.

먼저 what이 주어일 때 be 동사의 형태를 기억한다.
what 뒤에 be 동사가 올 경우
〔현재〕　　What is ~ ?
〔과거〕　　What was ~ ?
〔미래〕　　What will be ~ ?

What is의 두 가지 사용법

01 | What is + 전치사 + 명사?　　무엇이 ~(어디)에 있습니까?
02 | What is + '명사' ?　　　　　　'명사' 는 무엇입니까?

이해를 돕는 문제

01. 무엇이 그 가방 안에 있습니까?
02. 이것이 무엇입니까?
03. 당신의 주소가 무엇입니까?

↳ **단어** | **in** ~안에 | **bag** 가방 | **this** 이것 | **your address** 당신의 주소

해설

01 | What is in the bag?
- '무엇이 ~에 있습니까?' 라는 문장의 어순은 [What is + 전치사(in) + 명사?]이다.

02 | What is this?
- '~은 무엇입니까?' 라는 문장의 어순은 [What is + 단어?]이다.

03 | What is your address?
- 마찬가지로 '~은 무엇입니까?' 를 묻는 문장이다. 따라서 어순은 [What is + 단어?]이다.
- '단어' 자리에 'your address당신의 주소' 를 넣으면 된다.

영작하기

01. 그 테이블 위에 무엇이 있습니까?

  →

02. 입안에 그게 뭐야?(당신의 입 속에 무엇이 있어?)

  →

03. 당신의 전화번호는 몇 번인가요?

  →

04. 당신의 직업은 무엇입니까?

  →

05. 저게 뭐야?(저것은 무엇입니까?)

→ _____

06. 당신의 좌우명은 무엇입니까?

→ _____

07. 당신의 이름은 무엇입니까?

→ _____

08. 무엇이 잘못되었습니까?

→ _____

09. 무슨 일 있어요?

→ _____

10. 무슨 생각을 하고 있습니까?(당신의 마음 위에 무엇이 있습니까?)

→ _____

단어 | on ~위에 | table 테이블 | in ~안에 | mouth 입 | phone number 전화번호 | job 직업 | motto 좌우명, 격언 | name 이름 | wrong 잘못된 | matter 문제, 일, 사건 | on your mind 당신의 마음 속에

Help

관용적인 표현들에 대해서 알아두자.

What is the matter?무슨 일 있어요?, What is wrong?무엇이 잘못되었습니까?과 같은 문장들은 매우 자주 사용되는 표현들이다. What is on your mind?무슨 생각을 하고 있습니까?의 경우에도 역시 자주 쓰이는 표현이다. on your mind는 영어로 '마음속에' 라고 하는 말이다. 꼭 기억하자.

눈으로 확인하기

01. What is on the table?
　　무엇이 ~에 있습니까? → What is + 전치사 + 명사?
　　　　　　　　　　　　　　　　　위에　　그 테이블

02. What is in your mouth?
　　무엇이 ~에 있습니까? → What is + 전치사 + 명사?
　　　　　　　　　　　　　　　　　속에　　당신의 입

03. What is your phone number?
　　~은 무엇입니까? → What is + 단어?
　　　　　　　　　　　　　당신의 전화번호

04. What is your job?
　　~은 무엇입니까? → What is + 단어?
　　　　　　　　　　　　　당신의 직업

05. What is that?
　　~은 무엇입니까? → What is + 단어?
　　　　　　　　　　　　　저것

06. What is your motto?
　　~은 무엇입니까? → What is + 단어?
　　　　　　　　　　　　　당신의 좌우명

07. What is your name?
　　~은 무엇입니까? → What is + 단어?
　　　　　　　　　　　　　당신의 이름

08. What is wrong?

What is(무엇 ~입니까?)와 wrong(잘못된)이라는 형용사를 사용한다.

09. What is the matter?

What is(무엇 ~입니까?)와 the matter(그 일)라는 단어를 사용한다.

10. What is on your mind?

무엇이 ~에 있습니까? → What is + 전치사 + 명사?
　　　　　　　　　　　　　　　위에　　당신 마음

---

01 | Do you know?당신은 압니까?라는 문장 앞에 What을 붙이면 '당신은 무엇을 압니까?' 라는 문장이 된다.

Do you know James?	당신은 제임스를 압니까?
What do you know?	당신은 무엇을 압니까?
Do you watch TV?	당신은 TV를 봅니까?
What do you watch?	당신은 무엇을 봅니까?

02 | 'be동사 + 전치사' 구문에서 be동사는 '있다'로 해석된다.

I am in a car.	나는 차 안에 있다.
Be a doctor.	의사가 되어라.
To be or not to be.	죽느냐 사느냐(존재하느냐, 존재하지 않느냐).

Chapter 2

누가 James를 뽑았습니까?
Who picked James?

'누구', '누가' 에 해당하는 의문사 Who의 사용법을 연습해보자.

01 | 현재의 일을 나타낼 때
　①Who + is ~? 누가 ~입니까?
　②Who + [동사 + s 형태] ~? 누가 ~하는 것입니까?

02 | 과거의 일을 나타낼 때
　①Who + was ~? 누가 ~였습니까?
　②Who + 동사의 과거형 ~? 누가 ~했습니까?

03 | 미래의 일을 나타낼 때
　①Who + will be ~? 누가 ~이 되는 겁니까?
　②Who + will + 동사원형 ~? 누가 ~할 것입니까?

이해를 돕는 문제

01. 누가 제임스를 뽑니?
02. 누가 제임스를 뽑았니?
03. 누가 제임스를 뽑을 거니?

　　　　　　　　　　　　　　　　　└. 단어 | pick 뽑다

해설

01 | Who picks James?

02 | Who picked James?

03 | Who will pick James?

KEY POINT

(의문문)
Who picks James? Who picked James? Who will pick James?
(평서문)
She picks James. She picked James. She will pick James.

의문문과 평서문을 비교해보면 who와 she가 같은 자리에 있는 것을 알 수 있다. 즉 평서문의 주어(she)자리에 who를 넣고 문장의 맨 끝에 '?'만 붙이면 의문문이 되는 것이다.

영작하기

01. 저건 누구지?

→ _____

02. 이 사람은 누구입니까?

→ _____

03. 누가 거기에 있습니까?

→ _____

04. 누가 이야기 중입니까?(누가 말하고 있니?)

→ _____

05. 누가 너에게 말했니?

→ _____

06. 누가 신경 쓰니?(아무도 신경을 안 쓴다)

→ _____

07. 누가 당신의 사장입니까?

→ _____

08. 누가 당신을 좋아합니까?

→ _____

09. 누가 이 차를 운전하죠?

→ _____

10. 누가 이 커피를 만들었지?

→ _____

ㄴ. **단어** | **that** 저것 | **this person** 이 사람 | **there** 거기에 | **talking** 이야기 중인 | **tell(told)** 말하다(말했다) | **care(s)** 신경 쓰다, 관심을 갖다 | **boss** 사장 | **like(s)** 좋아하다 | **car** 차 | **drive(s)** 운전하다 | **make(made)** 만들다(만들었다) | **coffee** 커피

Help

01 | who는 우리말로 '누구' 라는 뜻이다. 우리말에서는 '누구는', '누구가(누가)' 와 같이 조사가 붙지만 영어에서는 그냥 who가 된다.
02 | '저건' 과 '이건' 은 that과 this로 표현한다. '거기에 있습니까?' 의 경우 '거기에' 는 there이고 '있습니까?' 에 해당하는 것이 바로 be동사 is이다.

눈으로 확인하기

01. Who is that?
    누구 + is + 대명사?

02. Who is this person?
    누구 + is + 명사?

03. Who is there?
    누가 + is + 부사?

04. Who is talking?
    누가 + is + 동명사(이야기하고 있는)?

05. Who told you?
    누가 + 일반동사(~에게 말했다) 〈누구에게?〉 당신?

06. Who cares?
    누가 + 일반동사(신경쓰다)?

07. Who is your boss?
    누가 + is + 명사?

08. Who likes you?
    누가 + 일반동사(~를 좋아하다) 〈무엇을?〉 당신?

09. Who drives this car?
    누가 + 일반동사(~를 운전하다)〈무엇을?〉 이 차?

10. Who made this coffee?
    누가 + 일반동사(~를 만들었다) 〈무엇을?〉 이 커피?

01 | 다음 두 문장의 차이점을 찾아보자.

01. Who likes you? 누가 당신을 좋아합니까?
    who가 주어의 역할

02. Who do you like? 당신은 누구를 좋아합니까?
    who가 목적어의 역할

02 | 현재 시제의 경우에는 Who 다음에는 항상 s가 나온다. is나 일반동사의 경우에는 끝에 s가 붙는다. '누구' 라는 것이 3인칭 단수를 나타낸다는 뜻이기도 하다.

Chapter 3

어느 것이 8번 버스입니까?
Which is bus number eight?

'어느~' 라는 뜻의 의문사 Which의 사용법을 연습하자.

which와 be 동사를 함께 사용하는 방법

01 | Which is _____? 어느 쪽이 _____입니까?

   어느 것이   당신의 연필   입니까?
      1   3   2
   → Which   is   your pencil?
      1   2   3

02 | Which + 명사 + is _____? 어느 '명사' 가 _____입니까?

   어느 연필이   당신의 것   입니까?
      1   3   2
   → Which pencil   is   yours?
        1   2   3

Which와 동사를 함께 사용하는 방법

01 | Which + 동사s _____? 어느 쪽이 ____합니까?
02 | Which + 명사 + 동사s _____? 어느 '명사' 가 ____합니까?

which를 이용한 의문문 만들기

Which movie is your favorite?
어느 영화가 당신이 제일 좋아하는 것입니까?

Which part is your favorite?
어느 부분이 당신이 제일 좋아하는 것입니까?

Which part of the movie is your favorite?
영화의 어느 부분이 당신이 제일 좋아하는 것입니까?

Which one is yours?
어느 것이 당신의 것입니까?

Which one of these is yours?
이것들 중에 어느 것이 당신의 것입니까?

이해를 돕는 문제

01. 어느 것이 8번 버스입니까?
02. 어느 버스가 8번입니까?
03. 어느 것이 신촌에 갑니까?
04. 어느 버스가 신촌에 갑니까?

ㄴ 단어 | bus number eight 8번 버스 | Shinchon 신촌 | go(es) to~ ~로 가다

해설

01 | Which is bus number eight?

02 | Which bus is number eight?

03 | **Which goes to Shinchon?**

04 | **Which bus goes to Shinchon?**

영작하기

01. 어느 쪽이 당신의 시계입니까?
    → _____

02. 어느 시계가 당신 것입니까?
    → _____

03. 어느 쪽이 더 빠릅니까?
    → _____

04. 어느 것이 더 쌉니까?
    → _____

05. 어느 지하철이 신촌에 갑니까?
    → _____

06. 어느 것이 더 좋습니까?
    → _____

07. 어느 팀이 경기에서 이겼습니까?
    → _____

08. 어느 팀이 당신이 제일 좋아하는 것입니까?

→ _____

09. 어느 쪽이 당신이 제일 좋아하는 팀입니까?

→ _____

10. 어느 쪽이 더 키가 큽니까?

→ _____

ㄴ. 단어 | watch 시계 | faster 더 빠른 | cheaper 더 싼 | subway 지하철 | go(es) to~ ~로 가다 | better 더 나은 | team 팀 | win(won) 이기다(이겼다) | game 경기 | favorite 제일 좋아하는 것 | taller 키가 더 큰

Help

여러 가지 중에서 비교하는 것으로 어느 것이 더 빠르거나 더 좋다는 것을 표현하는 것을 '비교급' 이라고 한다. 비교급을 만드는 방법에는 두 가지가 있다.

01 | 짧은 단어(형용사) + er
    tall 키가 큰 → taller 키가 더 큰
02 | more + 긴 단어(형용사)
    beautiful 아름다운 → more beautiful 더 아름다운

눈으로 확인하기

01. Which is your watch?
어느 것 + is + 명사?

02. Which watch is yours?
어느 시계 + is + 명사?

03. Which is faster?
어느 것 + is + 형용사?

04. Which is cheaper?
어느 것 + is + 형용사?

05. Which subway goes to Shinchon?
어느 지하철 + 일반동사(가다) + ~로 〈어디로?〉 신촌?

06. Which is better?
어느 것 + is + 형용사?

07. Which team won the game?
어느 팀 + 일반동사(이기다) + 〈무엇을?〉 게임?

08. Which team is your favorite?
어느 팀 + is + 명사?

09. Which is your favorite team?
어느 것 + is + 명사?

10. Which is taller?
어느 것 + is + 형용사?

---

favorite는 '제일 좋아하는'을 뜻하는 형용사로도 쓰이며 '제일 좋아하는 것'을 뜻하는 명사로도 사용된다.

Part 7

Magic English Writing

일반동사로 영작하기

Chapter 1

그는 매일 테니스를 친다
He play tennis every day.

영작에 있어 가장 기본이 되는 원칙은 문장에서 가장 중요한 부분인 '누가 무엇을 하다'를 맨 처음에 말하는 것이다. 그리고 나서 〈무엇을?〉 혹은 〈누구를?〉이라는 질문이 생기면 그 답을 적는다.

01 | 나는 내 일을 아주 사랑한다.

- 누가 무엇을 하다   나는 사랑한다 → I love
- 무엇을?   나의 일 → my job
- 나머지   아주 많이 → very much
- 완성된 문장   → I love my job very much.

02 | 나는 빨리 걷는다.

- 누가 무엇을 하다   나는 걷는다 → I walk
- 무엇을?   없음 → ×
- 나머지   빨리 → fast
- 완성된 문장   → I walk fast.

상태를 표현하며 '~이다, 어떠하다'로 해석되는 'be동사'에도 원형(be)과 현재형(is/am/are), 과거형(was/were)이 있듯이 '일반동사'에도 원형과 현재형, 과거형 등이 있다. 동사를 외울 때에는 '원형'부터 외워야 한다.

걷다 → walk(원형, 현재형) walks(3인칭 단수 현재형) walked(과거형)
살다 → live(원형, 현재형)　 lives(3인칭 단수 현재형)　 lived(과거형)

동사의 현재형은 주어의 인칭과 단/복수 여부에 따라 달라지는데 아래와 같이 나, 너 또는 복수가 오면 원형과 같고 나와 너, 복수를 제외한 3인칭 단수형이 오면 원형 끝에 's'가 붙는다.

누가(주어)		무엇을 하다(동사)의 현재형
I 나는 We 우리는 You 당신은 / 당신들은 They 그들은	나 그리고 복수의 사람이나 사물	원형
He 그는 She 그녀는 It 그것은	단수의 사람이나 사물	원형 s

예문

01 | <u>They walk fast.</u>　 그들을 빨리 달린다.
　　　복수

02 | <u>She walks fast.</u>　 그녀는 빨리 달린다.
　　　3인칭 단수

이해를 돕는 문제

01. 그는 여기에 산다.
02. 나는 매일 테니스를 친다.

ㄴ **단어** | **live(s)** 산다 | **here** 여기에 | **play(s)** 놀다,(운동 경기 등을) 하다 | **tennis** 테니스 | **every day** 매일

해설

01 | 그는 여기에 산다. → He lives here.
- 누가 무엇을 하다 → 그는 산다(He lives)
- 무엇을? 없음
- 나머지 → 여기에(here)

02 | 나는 매일 테니스를 친다. → I play tennis every day.
- 누가 무엇을 하다 → 나는 친다(I play)
- 무엇을? → 테니스(tennis)
- 나머지 → 매일(every day)

영작하기

01. 나는 빨리 달린다.

    → _____

02. 우리는 매일 인터넷을 사용한다.

    → _____

03. 그녀는 잘 헤엄친다.

    → _____

04. 제임스는 영어를 잘 말한다.

    → _____

05. 그는 잘 잔다.

    →

06. 그는 패스트푸드를 싫어한다.

    →

07. 새들은 하늘에서 난다.

    →

08. 그것은 건물들을 파괴한다.

    →

09. 그들은 홀에서 노래한다.

    →

10. 제인은 침대에서 잔다.

    →

ㄴ. **단어** | run 달리다 | fast 빨리 | every day 매일 | use 사용하다 | the Internet 인터넷 | well 잘 | swim 헤엄치다(수영하다) | James 제임스(남자 이름) | speak 말하다 | sleep 자다 | fast food 패스트푸드 | hate 싫어하다 | birds 새들 | fly 날다 | in the sky 하늘에서 | building(s) 건물(들) | destroy 파괴하다 | sing 노래하다 | in the hall 홀에서 | in the bed 침대에서

Help

01 | James는 남자이름이며, Jane은 여자이름이다. 따라서 James는 He와 같은 3인칭 단수이고, Jane은 She와 같은 3인칭 단수이다. 따라서 뒤따라오는 일반동사의 현재형 '무엇을 하다'의 원형에 s를 붙여야 한다.

02 | 장소를 표현하는 '~에서'에 해당하는 영어는 'in'이며, 우리말 순서와 반대로 [in + 장소]의 순서가 된다.

눈으로 확인하기

01. I run fast.
- 누가 무엇을 하다 → 나는 달린다
- 무엇을? → ×
- 나머지 → 빨리

02. We use the Internet every day.
- 누가 무엇을 하다 → 우리는 사용한다
- 무엇을? → 인터넷
- 나머지 → 매일

03. She swims well.
- 누가 무엇을 하다 → 그녀는 헤엄친다
- 무엇을? → ×
- 나머지 → 잘

04. James speaks English well.
- 누가 무엇을 하다 → 제임스는 말한다
- 무엇을? → 영어
- 나머지 → 잘

05. He sleeps well.
- 누가 무엇을 하다 → 그는 잔다
- 무엇을? → ×
- 나머지 → 잘

06. He hates fast food.
- 누가 무엇을 하다 → 그는 싫어한다
- 무엇을? → 패스트푸드
- 나머지 → ×

07. Birds fly in the sky.
- 누가 무엇을 하다 → 새들은 난다

'새들' 이 복수형이므로, 동사의 현재형은 원형과 일치한다.
- 무엇을? → ×
- 나머지 → 잘

08. It destroys buildings.
- 누가 무엇을 하다 → 그것은 파괴한다
- 무엇을? → 건물들
- 나머지 → ×

09. They sing in the hall.
- 누가 무엇을 하다 → 그들은 노래한다
- 무엇을? → ×
- 나머지 → 홀에서

10. Jane sleeps in the bed.
- 누가 무엇을 하다 → 제인은 잔다
- 무엇을? → ×
- 나머지 → 침대에서

Chapter 2

그는 나에게 좋은 충고를 준다
He gives me good advice.

이번에는 앞에서 공부한 〈무엇을?〉이라는 질문에 대한 답뿐만 아니라, 그에 앞서 〈누구에게?〉라고 하는 질문의 답도 있는 문장을 만들어보자.

〈누구에게?〉와 〈무엇을?〉이라는 두 가지 질문에 차례대로 답을 하는 형식으로 문장을 완성시키면 되는데, 중요한 것은 질문의 순서가 절대 바뀌면 안 된다는 것이다.

나는 그에게 이메일을 보낸다.
- 누가 무엇을 하다 → 나는 보낸다(I send)
- 〈질문1 : 누구에게?〉 → 그(him)
- 〈질문2 : 무엇을?〉 → 이메일(e-mails)
- 완성된 문장 → I send him e-mails.

영어에는 위의 예문에서 사용된 일반동사 'send'와 같이 〈누구에게?〉와 〈무엇을?〉이라는 질문에 순서대로 답하게 하는 동사들이 있는데, 이런 동사들은 반드시 외워두는 것이 좋다.

- send 보내다   · teach 가르치다   · lend 빌려주다   · give 주다
- tell 말하다   · buy 사주다   · ask 물어보다

질문1 의 '누구에게?' 를 답하는 방법

영어에서 기본적으로 반드시 외워두어야 할 말로서 '나', '당신', '우리',

'그', '그녀', '그것', '그들'이 있다. 하지만 이 말들은 문장에서의 역할에 따라 아래와 같이 그 모양을 달리한다.

주격(은, 는, 이, 가)	소유격(~의)	목적격(을, 를/에게)
I 나는	my 나의	me 나를 / 나에게
you 당신은	your 당신의	you 당신을 / 당신에게
they 그들은	their 그들의	them 그들을 / 그들에게
we 우리는	our 우리의	us 우리를 / 우리에게
he 그는	his 그의	him 그를 / 그에게
she 그녀는	her 그녀의	her 그녀를 / 그녀에게
it 그것은	its 그것의	it 그것을 / 그것에게

따라서, 질문1의 '누구에게?'에 대한 답은 목적격(me, you, them, us, him, her, it)을 사용하는 것이다. 만일 'James에게'나 'Jane에게'와 같이 사람이름이 직접 답이 되는 경우에는 'James' 또는 'Jane' 만으로도 충분하다.

예문

01 | 나는 그녀에게 이메일을 보낸다. → I send her e-mails.

02 | 나는 제인에게 이메일을 보낸다. → I send Jane e-mails.

이해를 돕는 문제

01. 은행은 우리에게 돈을 빌려준다.
02. 그는 나에게 좋은 충고를 준다.

ㄴ. 단어 | bank 은행 | money 돈 | lend(s) 빌려주다 | good 좋은 | advice 충고 | give 주다

해설

01 | 은행은 우리에게 돈을 빌려준다. → Banks lend us money.
- 누구는 무엇을 하다 → 은행은 빌려준다(Banks lend)
- 〈질문1 : 누구에게?〉 → 우리에게(us)
- 〈질문2 : 무엇을?〉 → 돈(money)

02 | 그는 나에게 좋은 충고를 준다. → He gives me good advice.
- 누구는 무엇을 하다 → 그는 준다(He gives)
- 〈질문1 : 누구에게?〉 → 나에게(me)
- 〈질문2 : 무엇을?〉 → 좋은 충고(good advice)

KEY POINT

어느 한 은행(A bank)에서만 돈을 빌려주는 것이 아니라, 모든 은행들(Banks)이 고객에서 돈을 빌려주므로 은행(bank)의 복수형(banks)을 사용하고 있다. 따라서 뒤따르는 '빌려주다'의 원형 lend에 's'를 붙이지 않는다. 하지만 '그는 준다'의 경우에는 '주다'의 원형 'give'에 s를 붙여야 한다. 왜냐하면, '주다'의 앞에 있는 말이 '그'라는 단수이기 때문이다.

영작하기

01. 그들은 우리에게 돈을 빌려준다.

    →

02. 그 도서관은 그들에게 책을 빌려준다.

    →

03. 그녀는 그에게 길을 가르쳐준다(말해준다).

→ _____

04. 그녀는 나의 아들에게 영어를 가르친다.

→ _____

05. 제임스는 교실에서 그들에게 영어를 가르친다.

→ _____

06. 그는 수잔에게 꽃을 사준다.

→ _____

07. 나의 아버지는 나에게 선물을 사주신다.

→ _____

08. 우리 사장님은 우리에게 매일 점심을 사주신다.

→ _____

09. 나는 나의 선생님에게 질문을 한다.

→ _____

10. 그녀는 그 환자에게 꽃을 보낸다.

→ _____

11. 그들은 인터넷을 통해 나에게 이메일을 보낸다.

→ _____

12. 그는 나에게 매일 돈을 준다.

→ _____

ㄴ. **단어** | lend(s) 빌려주다 | library 도서관 | the way 길 | tell(s) 말하다 | son 아들 | teach(es) 가르치다 | classroom 교실 | buy 사(주)다 | flower(s) 꽃 | father 아버지 | present 선물 | boss 사장 | every day 매일 | lunch 점심 | teacher 선생님 | question 질문 | ask(s) 묻다 | patient 환자 | through the Internet 인터넷을 통해

Help

일반동사의 현재형에서 주어가 단수(He, She, It...)이면 동사의 끝에 s를 붙이는 것이 보통이지만, teach(가르치다)와 같이 'es'를 붙이는 것도 있으며, study(공부하다)와 같이 y로 끝나는 동사는 y를 없애고 ies를 붙이는 등의 예외가 있다.

01 | I watch TV. 나는 TV를 본다.
→ She watches TV. 그녀는 TV를 본다.

02 | I go to school. 나는 학교에 간다.
→ She goes to school. 그녀는 학교에 간다.

03 | I have a car. 나는 차를 갖고 있다.
→ He has a car. 그는 차를 가지고 있다.

눈으로 확인하기

01. They lend <u>us</u> <u>money</u>.
　　　　　　우리에게　돈을

02. The library lend <u>them</u> <u>books</u>.
　　　　　　　　　그들에게　책을

03. She tells <u>him</u> <u>the way</u>.
     그에게   길을

04. She teaches <u>my son</u> <u>English</u>.
     내 아들에게   영어를

05. James teaches <u>them</u> <u>English</u> in the classroom.
     그들에게   영어를

06. He buys <u>Susan</u> <u>flowers</u>.
     수잔에게   꽃을

07. My father buys <u>me</u> <u>a present</u>.
     나에게   선물을

08. Our boss buys <u>us</u> <u>lunch</u> every day.
     우리에게 점심을

09. I ask <u>my teacher</u> <u>a question</u>.
     나의 선생님에게   질문을

10. She sends <u>the patient</u> <u>flowers</u>.
     환자에게   꽃을

11. They send <u>me</u> <u>e-mails</u> through the Internet.
     나에게   이메일을

12. He gives <u>me</u> <u>money</u> every day.
     나에게   돈을

Chapter 3

나는 인터넷을 잘 사용하지 않는다
I don't use the Internet well.

'누가 무엇을 하다'로 시작되는 현재형 문장을 부정하여 '누가 무엇을 하지 않다'와 같은 부정의 문장을 만드는 방법을 공부하도록 하자.

아주 간단하다. '누가'와 '무엇을 하다'의 사이에 부정을 뜻하는 'do not(줄여서 don't)' 혹은 'does not(줄여서 doesn't)'을 삽입하면 된다.

예문

긍정 | 나는 그것을 좋아한다. → I like it.
부정 | 나는 그것을 좋아하지 않는다. → I don't like it.

문제는 do not과 does not의 구분인데, '누가'에 해당하는 말에 따라 달라진다. 즉, '누가'에 해당하는 말이 He, She, It과 같은 3인칭 단수형이라면 doesn't로 부정하고, I, You, We, They일 경우에는 don't로 부정한다.

주의할 점은 부정어(don't/doesn't) 다음에 오는 동사는 무조건 그 원형이라는 것이다.

예문

01 | 나는 그녀를 사랑하지 않는다.
- 누가 무엇을 하다 → 나는 사랑한다(I love)
- 누가 무엇을 하지 않다 → 나는 사랑하지 않는다(I don't love)

- 무엇을? → 그녀를(her)

02 | **그는 그녀를 사랑하지 않는다.**

- 누가 무엇을 하다 → 그는 사랑한다(He loves)
- 누가 무엇을 하지 않다 → 그는 사랑하지 않는다(He doesn't love)
- 무엇을? → 그녀를(her)

'누가 무엇을 하다'의 현재형 문장을 부정하는 방법

누가	〈부정어〉	무엇을 하다
I You We They	do not (don't)	원형
He She It	does not (doesn't)	원형

이해를 돕는 문제

01. 나는 인터넷을 잘 사용하지 않는다.
02. 그녀는 그녀의 일을 사랑하지 않는다.

단어 | the Internet 인터넷 | use 사용하다 | her 그녀의 | job 일

해설

01 | **나는 인터넷을 잘 사용하지 않는다.** → I don't use the Internet well.

- 누가 무엇을 하다 → 나는 사용한다(I use)

- 누가 무엇을 하지 않다 → 나는 사용하지 않는다(I don't use)
- 〈무엇을?〉 → 인터넷(the Internet)
- 나머지 → 잘(well)

02 | **그녀는 그녀의 일을 사랑하지 않는다.** → She doesn't love her job.
- 누가 무엇을 하다 → 그녀는 사랑한다(She loves)
- 누가 무엇을 하지 않다 → 그녀는 사랑하지 않는다(She doesn't love)
- 〈무엇을?〉 → 그녀의 일(her job)

KEY POINT

지금까지는 '누가 무엇을 하다'를 먼저 만들고 나서 이것을 부정하는 순서로 연습을 하였는데, 이러한 과정이 다 이해가 되었다면, 처음부터 바로 부정을 하는 것이 편하다.

'그녀는 그녀의 일을 사랑하지 않는다'에서,
- '누가 무엇을 하다' → 그녀는 사랑하지 않는다(She doesn't love)
- 〈무엇을?〉 → 그녀의 일(her job)

영작하기

01. 제인은 신문 기사를 쓰지 않는다.

    → _____

02. 우리는 신문 기사를 쓰지 않는다.

    → _____

03. 그는 수잔에게 꽃을 사주지 않는다.

→ _____

04. 나는 그녀에게 꽃을 사주지 않는다.

→ _____

05. 우리는 그에게 이메일을 보내지 않는다.

→ _____

06. 폴은 그녀에게 이메일을 보내지 않는다.

→ _____

07. 그들은 잘 자지 않는다.

→ _____

08. 수잔은 잘 자지 않는다.

→ _____

09. 그는 우리에게 돈을 빌려주지 않는다.

→ _____

10. 그들은 나에게 돈을 빌려주지 않는다.

→ _____

11. 나는 그녀의 아들에게 영어를 가르치지 않는다.

→ _____

12. 그는 내 딸에게 영어를 가르치지 않는다.

→ _____

13. 그녀는 나에게 정보를 주지 않는다.

→ _____

14. 그들은 그에게 정보를 주지 않는다.

→ _____

ㄴ **단어** | newspaper article 신문기사 | write 쓰다 | buy 사주다 | send 보내다 | well 잘 | lend 빌려주다 | son 아들 | daughter 딸 | teach 가르치다 | give 주다 | information 정보

Help

01 | '누가'에 해당하는 말이 He, She, It이 아니어도 3인칭 단수의 사람이나 사물을 표현하는 말(제임스, 폴, 수잔 등)이면, 그 문장의 부정도 마찬가지로 doesn't가 된다.

· James doesn't like it. 제임스는 그것을 좋아하지 않는다.

02 | '누가 무엇을 하다' 다음에 아래와 같이 섞여 있으므로 잘 구분하여 답하도록 하자.

① 〈무엇을?〉이라는 질문에 대한 답이 없는 것
② 〈무엇을?〉이라는 질문에 대한 답이 있는 것
③ 〈누구에게?〉와 〈무엇을?〉이라는 두 개의 질문에 대한 답이 있는 것

눈으로 확인하기

01. <u>**Jane doesn't write**</u> newspaper articles.
    Jane + doesn't + 동사원형

02. <u>**We don't write**</u> newspaper articles.
    We + don't + 동사원형

03. **He doesn't buy** Susan flowers.
　　He + doesn't + 동사원형

04. **I don't buy** her flowers.
　　I + don't + 동사원형

05. **We don't send** him e-mails.
　　We + don't + 동사원형

06. **Paul doesn't send** her e-mails.
　　Paul + doesn't + 동사원형

　　'Paul' 은 He(그)를 대신하는 말이므로 부정어는 doesn't이다.

07. **They don't sleep** well.
　　They + don't + 동사원형

08. **Susan doesn't sleep** well.
　　Susan + doesn't + 동사원형

　　'Susan' 은 She(그녀)를 대신하는 말이므로 부정어는 doesn't이다

09. **He doesn't lend** us money.
　　He + doesn't + 동사원형

10. **They don't lend** me money.
　　They + don't + 동사원형

11. **I don't teach** her son English.
　　I + don't + 동사원형

12. <u>He</u> <u>doesn't</u> <u>teach</u> my daughter English.
    He + doesn't + 동사원형

13. <u>She</u> <u>doesn't</u> <u>give</u> me information.
    She + doesn't + 동사원형

14. <u>They</u> <u>don't</u> <u>give</u> him information.
    They + don't + 동사원형

Chapter 4

그는 그의 일을 사랑합니까?
Does he love his job?

'누가 무엇을 하다'로 구성된 문장을 의문문으로 고칠 때에는 문장의 맨 앞에 Do 또는 Does를 넣은 다음 문장 맨 끝에 물음표만 붙이면 된다.

긍정 | You like it.   당신은 그것을 좋아한다.
의문 | Do you like it?   당신은 그것을 좋아합니까?

Do와 Does의 구별은 부정문에서와 마찬가지로 주어에 해당하는 말에 따라 달라진다. 즉 주어에 해당하는 말이 He, She, It 또는 이를 대신할 수 있는 3인칭 단수이면 Does를, 그 나머지 I, You, We, They일 경우에는 Do를 문장의 맨 앞에 놓는다.

Do나 Does를 앞세운 의문문에서도 '무엇을 하다'의 일반동사는 부정문에서처럼 항상 그 원형이어야 한다.

예문

01 | 당신은 그녀를 사랑합니까? → **Do you love her?**
- 누가 무엇을 하다 → 당신은 사랑한다(You love)
- 누가 무엇을 합니까? → 당신은 사랑합니까?(Do you love)
- 〈무엇을?〉 → 그녀를(her)

02 | 그는 그녀를 사랑합니까? → Does he love her?
- 누가 무엇을 하다 → 그는 사랑한다(He loves)
- 누가 무엇을 합니까? → 그는 사랑합니까?(Does he love)
- 〈무엇을?〉 → 그녀를(her)

'누가 무엇을 하다'의 의문문을 만드는 방법

〈조동사〉	누가	무엇을 하다	〈물음표〉
Do	I you we they	원형	?
Does	he she it	원형	?

이해를 돕는 문제

01. ___ you ___ the Internet well?
    당신은 인터넷을 잘 사용합니까?

02. ___ he ___ his job?
    그는 그의 일을 사랑하나요?

└ 단어 | the Internet 인터넷 | use 사용하다 | job 일

해설

01 | 당신은 인터넷을 잘 사용합니까? → Do you use the Internet well?

- 누가 무엇을 하다 → 당신은 사용한다(you use)
- 누가 무엇을 합니까? → 당신은 사용합니까?(Do you use)
- 〈무엇을?〉 → 인터넷(the Internet)
- 나머지 → 잘(well)

02 | 그는 그의 일을 사랑하나요? → Does he love his job?
- 누가 무엇을 하다 → 그는 사랑한다(he loves)
- 누가 무엇을 합니까? → 그는 사랑하나요?(Does he love)
- 〈무엇을?〉 → 그의 일(his job)

KEY POINT

위에서 사용된 'do(does)'를 문법에서는 '조동사'라고 부른다. '조동사'란, 말 그대로 동사를 보조하는 역할을 하는 것인데, 영어에는 많은 종류의 조동사들이 다양한 역할을 한다. 우리가 여기서 공부한 조동사 'do'는 일반동사가 들어 있는 문장을 부정하거나 의문문으로 만들 때 사용하는 것으로 '하다'라는 뜻을 지닌 일반동사 'do'와는 그 역할이 완전히 다르다. 반드시 기억해야 할 점은 조동사가 들어 있는 문장의 동사는 항상 '원형'이어야 한다는 것이다.

영작하기

01. 그들은 인터넷을 잘 압니까?
   → _____

02. 그녀는 인터넷을 매일 사용합니까?
   → _____

03. 당신은 기사를 씁니까?

→ _____

04. 폴은 기사를 씁니까?

→ _____

05. 그는 수잔에게 꽃을 사줍니까?

→ _____

06. 당신은 그녀에게 선물을 사줍니까?

→ _____

07. 그들은 잘 잡니까?

→ _____

08. 수잔은 잘 잡니까?

→ _____

09. 은행들은 우리에게 돈을 빌려주나요?

→ _____

10. 제임스는 그녀에게 돈을 빌려주나요?

→ _____

ㄴ. **단어** | **know** 알다 | **well** 잘 | **use** 사용하다 | **article** 기사 | **write** 쓰다 | **buy** 사주다 | **present** 선물 | **sleep** 자다 | **bank(s)** 은행(들) | **lend** 빌려주다

Help

01 | 앞에서 '누가 무엇을 하다'를 먼저 적고 나서 이것을 의문문으로 바꾸는 연습을 하였는데 이러한 과정을 다 이해했다면 이 과정을 생략하고 바로 의문문을 만드는 것이 편하다.

· 누가 무엇을 하다 → 그녀는 사랑하나요?(Does she love)
· 〈무엇을?〉 → 그녀의 일(her job)
 → Does she love her job?

02 | He, She, It과 같은 3인칭 단수가 주어인 문장을 부정하거나 의문문을 만들 때에는 조동사 does를 사용한다. 그리고 조동사 does 다음에 오는 동사는 항상 원형이어야 한다.

· 그는 그것을 좋아한다. → He likes it.
· 그는 그것을 좋아합니까? → Does he like it?

눈으로 확인하기

01. Do they know the Internet well?
· 누가 무엇을 하다 → 그들은 압니까?(그들은 압니다 : they know)
· 〈무엇을?〉 → 인터넷
· 나머지 → 잘

02. Does she use the Internet every day?
· 누가 무엇을 하다 → 그녀는 사용합니까?(그녀는 사용합니다 : she uses)
· 〈무엇을?〉 → 인터넷
· 나머지 → 매일

03. Do you write articles?

- 누가 무엇을 하다 → 당신은 씁니까?(당신은 씁니다 : you write)
- 〈무엇을?〉 → 기사

04. Does Paul write articles?

- 누가 무엇을 하다 → 폴은 씁니까?(폴은 씁니다 : Paul writes)
- 〈무엇을?〉 → 기사

05. Does he buy Susan flowers?

- 누가 무엇을 하다 → 그는 사줍니까?(그는 사줍니다 : he buys)
- 〈질문1 : 누구에게?〉 → 수잔
- 〈질문2 : 무엇을?〉 → 꽃

06. Do you buy her a present?

- 누가 무엇을 하다 → 당신은 사줍니까?(당신은 사줍니다 : you buy)
- 〈질문1 : 누구에게?〉 → 그녀에게
- 〈질문2 : 무엇을?〉 → 선물

07. Do they sleep well?

- 누가 무엇을 하다 → 그들은 잡니까?(그들은 잡니다 : they sleep)
- 〈무엇을?〉 → ×
- 나머지 → 잘

08. Does Susan sleep well?

- 누가 무엇을 하다 → 수잔은 잡니까?(수잔은 잡니다 : Susan sleeps)
- 〈무엇을?〉 → ×
- 나머지 → 잘

09. Do banks lend us money?

- 누가 무엇을 하다 → 은행들은 빌려주나요?(은행들은 빌려준다 : banks lend)
- 〈질문1 : 누구에게?〉 → 우리에게
- 〈질문2 : 무엇을?〉 → 돈

10. Does James lend her money?

- 누가 무엇을 하다 → 제임스는 빌려주나요?(제임스는 빌려준다 : James lends)
- 〈질문1 : 누구에게?〉 → 그녀에게
- 〈질문2 : 무엇을?〉 → 돈

Chapter 5

그는 어제 그녀를 만났다
He met her yesterday.

앞에서 공부한 '누가 무엇을 하다'로 구성되는 문장을 과거형으로 만들기 위해서는 '무엇을 하다'에 해당하는 '일반동사'만 현재형에서 과거형으로 바꾸면 된다. 이때의 '과거형'은 앞에 있는 '주어(누가)'와는 아무런 상관이 없기 때문에, 동사의 '과거형'만 암기하면 되는 것이다.

일반동사의 과거형은 동사에 따라 그 모양을 달리하는데, 크게 규칙동사와 불규칙동사 두 가지로 구분된다.

동사의 과거형

01 | 규칙동사 : 동사원형에 'ed'가 붙으면 과거형이 된다(원형이 e로 끝나는 동사에는 d만 붙는다).
· walk 걷다 – walked 걸었다
· live 살다 – lived 살았다

02 | 불규칙동사 : 말 그대로 규칙이 없어서 외우는 수밖에 없다(그중에는 동사의 모양이 완전히 바뀌는 것도 많이 있다).
· go 가다 – went 갔다
· come 오다 – came 왔다

예문

01 | **현재형 문장** : I walk in the park. 나는 공원에서 걷는다.
　　과거형 문장 : I walked in the park. 나는 공원에서 걸었다.
02 | **현재형 문장** : She comes to my office. 그녀가 나의 사무실로 온다.
　　과거형 문장 : She came to my office. 그녀가 내 사무실로 왔다.

불규칙동사의 원형과 과거형

동사의 원형을 암기할 때는 그 과거형도 함께 외워두는 것이 좋다. 불규칙동사는 어떤 규칙이 없기 때문에 암기하는 수밖에 없다.

go가다 – went갔다	come오다 – came왔다	teach가르치다 – taught가르쳤다
do하다 – did했다	sleep자다 – slept잤다	write쓰다 – wrote썼다
sing노래하다 – sang노래했다	have가지다 – had가졌다	lend빌리다 – lent빌렸다
run뛰다 – ran뛰었다	know알다 – knew알았다	see보다 – saw보았다
send보내다 – sent보냈다	give주다 – gave주었다	buy사다 – bought샀다
eat먹다 – ate먹었다	meet만나다 – met만났다	drink마시다 – drank마셨다
*read읽다 – read읽었다		

> * read의 원형과 과거형은 모습은 같지만 발음은 다르다. 원형 read는 (rid)로 발음되고, 과거형 read는 (red)로 발음된다.

이해를 돕는 문제

01. 그는 어제 그녀를 만났다.
02. 나는 부산에서 살았다.

ㄴ. **단어** | met 만났다 | lived 살았다 | in ~에서

해설

01 | 그는 어제 그녀를 만났다. → **He met her yesterday.**
- 누가 무엇을 하다 → 그는 만났다(He met)
- 〈누구를?〉 → 그녀를(her)
- 나머지 → 어제(yesterday)

02 | 나는 부산에서 살았다. → **I live in Busan.**
- 누가 무엇을 하다 → 나는 살았다(I lived)
- 〈누구를?〉 → ✕
- 나머지 → 부산에서(in Busan)

영작하기

01. 많은 사람들이 작년에 서울을 방문했다.

   → _____

02. 나는 어제 내 방을 청소했다.

   → _____

03. 제임스는 오늘 아침에 이탈리아 음식을 먹었다.

   → _____

04. 나는 TV를 보았다.

   → _____

05. 그녀는 지난주에 쇼를 보았다.

   → _____

06. 그들은 지난 주말에 영화를 보았다.

    → _____

07. 그는 작년에 내 딸에게 영어를 가르쳤다.

    → _____

08. 우리는 어제 도서관에 갔다.

    → _____

09. 그는 지난 수요일에 나에게 꽃을 주었다.

    → _____

10. 나는 어젯밤에 시험을 위해 공부했다.

    → _____

11. 그들은 작년 여름에 해변에 갔었다.

    → _____

12. 제임스는 어젯밤에 컴퓨터게임을 했다.

    → _____

ㄴ. **단어** | **many people** 많은 사람들 | **visit(visited)** 방문하다(방문했다) | **clean(cleaned)** 청소하다(청소했다) | **this morning** 오늘 아침에 | **Italian food** 이탈리아 음식 | **eat(ate)** 먹다(먹었다) | **movie** 영화 | **watch(watched)** 보다(보았다) | **see(saw)** 보다(보았다) | **daughter** 딸 | **library** 도서관 | **to** ~로, ~에 | **go(went)** 가다(갔다) | **study(studied)** 공부하다(공부했다) | **for the test** 시험을 위해 | **beach** 해변 | **go to beach** 해변에 가다 | **computer games** 컴퓨터 게임 | **play(played)** (컴퓨터 게임 등을) 하다

Help

과거형 문장에는 과거를 표현하는 말이 등장한다. 그중 '지난'을 뜻하는

last와 함께 하는 표현들(last+단어)이 특히 많다. 이러한 표현들은 시간을 나타내는 전치사가 따로 필요하지 않다.

yesterday 어제
last year 작년에(지난해에)
last weekend 지난 주말에
last summer 작년 여름에(지난 여름에)
last night 어젯밤에
last week 지난주에
last Wednesday 지난 수요일에

눈으로 확인하기

01. Many people <u>visited</u> Seoul last year.
    visit-visited(규칙동사)

02. I <u>cleaned</u> my room yesterday.
    clean-cleaned(규칙동사)

03. James <u>ate</u> Italian food this morning.
    eat-ate(불규칙동사)

04. I <u>watched</u> TV.
    watch-watched(규칙동사)

05. She <u>saw</u> a show last week.
    see-saw(불규칙동사)

06. They <u>watched</u> a movie last weekend.
    watch-watched(규칙동사)

07. He <u>taught</u> my daughter English last year.
    teach-taught(불규칙동사)

08. We <u>went</u> to the library yesterday.
go-went(불규칙동사)

09. He <u>gave</u> me flowers last Wednesday.
give-gave(불규칙동사)

10. I <u>studied</u> for the test last night.
study-studied(불규칙동사)

11. They <u>went</u> to beach last summer.
go-went(불규칙동사)

12. James <u>played</u> computer games last night.
play-played(규칙동사)

Chapter 6

나는 그 책을 읽지 않았다
I didn't read the book.

   과거형의 부정문과 의문문을 만들 때에도 현재형의 부정문과 의문문을 만들 때 사용하였던 조동사 do의 과거형 did를 사용하면 된다. 현재형에서는 주어의 인칭에 따라 do 또는 does를 구별하여 사용했지만, 과거형에서는 인칭에 상관없이 did만 사용하면 된다.

   반드시 주의해야 하는 점은 조동사 do(does/did)가 사용되는 문장에서의 일반동사는 항상 원형이어야 한다는 것이다. 왜냐하면 조동사가 현재(do/does) 또는 과거(did)의 시제를 나타내주기 때문에 뒤따라오는 일반동사에 또 다시 시제를 표현할 필요가 없기 때문이다.

과거형의 부정문 만들기

   '누가'에 해당하는 주어와 '무엇을 하다'에 해당하는 일반동사 사이에 did not(줄여서 didn't)을 넣으면 된다.

- 과거의 긍정문 : 나는 보고서를 썼다. → I <u>wrote</u> the report.
                                                                    과거형

- 과거의 부정문 : 나는 보고서를 쓰지 않았다. → I <u>didn't write</u> the report.
                                                                           동사원형

과거형의 의문문 만들기

조동사 Did를 문장의 맨 앞에 넣으면 된다. 물론 문장의 끝에 물음표(?)를 붙여야 한다. 조심할 것은 부정문에서와 똑같이 조동사 do(does/did)가 사용된 문장에서의 일반동사가 원형이어야 한다는 것이다.

· 과거의 긍정문: 그는 보고서를 썼다. → He <u>wrote</u> the report.
　　　　　　　　　　　　　　　　　　　　　　과거형

· 과거의 의문문: 그는 보고서를 썼나요? → Did he <u>write</u> the report?
　　　　　　　　　　　　　　　　　　　　　　　　　　동사원형

과거형 '누가 무엇을 하다' 의 부정문과 의문문을 만드는 방법

[부정문]

누가	〈부정어〉	무엇을 하다
I You We They He She It	did not (didn't)	원형

[의문문]

〈조동사〉	누가	무엇을 하다	〈물음표〉
Did	I you we they he she it	원형	?

이해를 돕는 문제

01. 나는 그 책을 읽지 않았다. → I _____ _____ the book.
02. 당신은 그 책을 읽었습니까? → _____ _____ the book?

└ 단어 | read 읽다

해설

01 | 나는 그 책을 읽지 않았다. → I didn't read the book.

- 누가 무엇을 하다 → 나는 읽지 않았다.
  과거형의 부정 : 주어+didn't+동사원형 → I didn't read

- 〈무엇을?〉 → 그 책(the book)

02 | 당신은 그 책을 읽었습니까? → Did you read the book?

- 누가 무엇을 하다 → 당신은 읽었습니까?
  과거형의 의문 : Did+주어+동사원형 → Did you read

- 〈무엇을?〉 → 그 책(the book)

KEY POINT

부정의 의문문은 부정의 평서문에서 didn't를 문장의 맨 앞으로 빼기만 하면 만들어진다.

(긍정 평서문) 당신은 그 책을 읽었다.	You read the book.
(부정 평서문) 당신은 그 책을 읽지 않았다.	You didn't read the book.
(부정 의문문) 당신은 그 책을 읽지 않았습니까?	Didn't you read the book?

영작하기

01. 그는 나에게 이메일을 보내지 않았다.

   → _____

02. 우리는 그 최고경영인에게 편지를 쓰지 않았다.

   → _____

03. 나는 어젯밤에 자지 않았다.

→ _____

04. 그는 그의 방을 청소하지 않았다.

→ _____

05. 나는 지난 여름에 해변에 가지 않았다.

→ _____

06. 나는 당신의 아들에게 영어를 가르치지 않았어요.

→ _____

07. 그녀는 지난주에 나의 사무실에 오지 않았습니다.

→ _____

08. 그들은 오늘 아침에 중국 음식을 먹지 않았어요.

→ _____

09. 그는 당신에게 이메일을 보냈나요?

→ _____

10. 그녀는 그 최고경영인에게 편지를 썼나요?

→ _____

ㄴ. **단어** | send 보내다 | CEO 최고경영인 | write 쓰다 | last night 어젯밤에 | sleep 자다 | clean 청소하다 | room 방 | last 지난 | beach 해변 | to ~에/로(방향) | son 아들 | teach 가르치다 | week 주 | office 사무실 | this morning 오늘 아침에 | Chinese food 중국 음식 | eat 먹다

Help

과거형의 부정문과 의문문을 만들 때에는 '누가'에 해당하는 주어와 '무엇을 하다'에 해당하는 일반동사의 원형을 쓴 다음 didn't와 did를 문장의 알맞은 위치에 넣기만 하면 된다.

눈으로 확인하기

01. He <u>didn't send</u> me e-mails.

- 누가 무엇을 하다 → 그는 보내지 않았다
  과거부정 : didn't + '보내다'의 원형
- 〈질문1 : 누구에게?〉 → 나에게
- 〈질문2 : 무엇을?〉 → 이메일

02. We <u>didn't write</u> a letter to the CEO.

- 누가 무엇을 하다 → 우리는 쓰지 않았다
  과거부정 : didn't + '쓰다'의 원형
- 〈무엇을?〉 → 편지
- 나머지 → 그 최고경영인에게(~에게+그 최고경영인)

03. I <u>didn't sleep</u> last night.

- 누가 무엇을 하다 → 나는 자지 않았다
  과거부정 : didn't + '자다'의 원형
- 〈무엇을?〉 → ×
- 나머지 → 어젯밤에

04. He <u>didn't clean</u> his room.

- 누가 무엇을 하다 → 그는 청소하지 않았다
  과거부정 : didn't + '청소하다'의 원형
- 〈무엇을?〉 → 그의 방

05. I <u>didn't go</u> to beach last summer.

- 누가 무엇을 하다 → 나는 가지 않았다
  과거부정 : didn't + '가다' 의 원형
- 〈무엇을?〉 → ×
- 나머지 → 해변에(~에/로+해변) + 지난 여름에

06. I <u>didn't teach</u> your son English.

- 누가 무엇을 하다 → 그는 가르치지 않았다
  과거부정 : didn't + '가르치다' 의 원형
- 〈질문1 : 누구에게?〉 → 당신의 아들
- 〈질문2 : 무엇을?〉 → 영어

07. She <u>didn't come</u> to my office last week.

- 누가 무엇을 하다 → 그녀는 오지 않았다
  과거부정 : didn't + '오다' 의 원형
- 〈무엇을?〉 → ×
- 나머지 → 나의 사무실에(~에/로+나의 사무실) + 지난주에

08. They <u>didn't eat</u> Chinese food this morning.

- 누가 무엇을 하다 → 그들은 먹지 않았다
  과거부정 : didn't + '먹다' 의 원형
- 〈무엇을?〉 → 중국 음식
- 나머지 → 오늘 아침에

09. <u>Did he send</u> you e-mails?

- 누가 무엇을 하다 → 그는 보냈나요?
  과거의문 : Did + 주어 + '보내다' 의 원형
- 〈질문1 : 누구에게?〉 → 나에게
- 〈질문2 : 무엇을?〉 → 이메일

10. <u>Did she write</u> a letter to the CEO?

- 누가 무엇을 하다 → 그녀는 썼나요?
  과거의문 : Did + 주어 + '쓰다' 의 원형
- 〈무엇을?〉 → 편지
- 나머지 → 그 최고경영인에게(~에게+그 최고경영인)

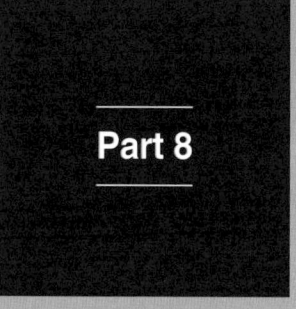

Magic English Writing

조동사로 영작하기

Chapter 1

나는 그 일을 끝낼 겁니다
I will finish the job.

현재형과 과거형 문장은 그 문장의 동사를 변화시켜서 만들었다. 하지만 미래형은 미래를 표현하는 조동사 will을 사용해서 만든다.

조동사라고 하면 앞에서 공부한 do를 떠올릴 수 있다. 조동사 do(does/did)는 현재형과 과거형 문장을 부정하거나 의문문을 만들 때 나타나서 동사를 도와주는 역할을 하였는데, 이번에 공부할 조동사 will은 미래를 표현하는 역할로 동사를 보조하는 것이다.

조동사 will

미래의 조동사 will은 문장에서 동사의 앞에 위치하며, 다른 조동사와 마찬가지로 다음에 오는 동사는 무조건 원형이어야 한다. 이 공식은 어떤 주어(I/You/We/He/She/It/They...)가 와도 변하지 않는다.

- 현재형 문장 : She goes to New York. 그녀는 뉴욕에 간다.
- 미래형 문장 : She will go to New York. 그녀는 뉴욕에 갈 것이다.

will과 be going to

영어에서는 미래를 나타낼 수 있는 두 가지 방법이 있는데, 바로 위에서 공부한 조동사 will과 be going to이다. be going to는 문장에서 will의 자리를 대체할 수 있으며, be going to의 be는 주어에 따라 am, is, are로 바꾼다.

· She will go to New York. = She is going to go to New York.

미래형 문장을 만드는 두 가지 공식

| ① 주어 + will + 동사 원형 |
| ② 주어 + *be going to + 동사 원형 |

*be는 주어에 따라 am, is, are로 바꾸어야 한다.

이해를 돕는 문제

01. My secretary sends you the bill.
02. I discuss the plan with him.
03. 나는 그 일을 끝낼 것이다.
04. 그는 내년에 미국에 갈 것이다.

ㄴ. 단어 | secretary 비서 | bill 청구서 | discuss 의논하다 | plan 계획 | job 일 | finish 끝마치다 | next year 내년에

해설

01 | My secretary sends you the bill (현재형).
 → My secretary will send you the bill (미래형).
 → My secretary is going to send you the bill (미래형).

02 | I discuss the plan with him (현재형).
 → I will discuss the plan with him (미래형).
 → I am going to discuss the plan with him (미래형).

03 | 나는 그 일을 끝낼 것이다.

· 누가 무엇을 하다 → 나는 끝낼 것이다(I will finish / I am going to finish)

· 〈무엇을?〉 → 그 일(the job)

→ **I will finish the job.**

→ **I'm going to finish the job.**

04 | 그는 내년에 미국에 갈 것이다.

· 누가 무엇을 하다 → 그는 갈 것이다(He will go / He is going to go)

· 〈무엇을?〉 → ×

· 나머지 → 미국에(to America)
　　　　　　내년에(next year)

→ **He will go to America next year.**

→ **He is going to go to America next year.**

KEY POINT

　미래를 표현하는 will과 be going to의 쓰임에는 약간의 차이가 있다. be going to는 결정된 미래의 일에 사용하며 will은 아직 결정은 되지 않았지만 본인의 의지를 표현할 때 사용한다.

영작하기

01. 나는 이번 주말에 집에 있을 것이다.

　　→ _____

02. 그녀는 그녀의 부모님 집을 방문할 것이다.

→ _____

03. 그가 맥주를 좀 가져올 것이다.

→ _____

04. 그녀는 토요일에 일할 예정이다.

→ _____

05. 그는 시험을 위해 공부를 할 것이다.

→ _____

06. 나는 다음 주 토요일에 그에게 이 책을 줄 것이다.

→ _____

07. 우리는 내일 그 회의를 참석할 예정입니다.

→ _____

08. 그들은 이번 주말에 영화를 볼 예정이다.

→ _____

09. 그녀는 오늘밤에 친구들을 만날 것이다.

→ _____

10. 그는 이번 주 토요일에 그녀에게 그 반지를 줄 것이다.

→ _____

ㄴ. **단어** | **this weekend** 이번 주말에 | **stay** 있다, 머물다 | **home** 집(에) | **parents** 부모님 | **visit** 방문하다 | **beer** 맥주 | **some** 약간의, 조금의 | **bring** 가져오다 | **Saturday** 토요일 | **for** ~을 위해 | **meeting** 회의 | **attend** 참석하다 | **tomorrow** 내일 | **see a movie** 영화를 보다 | **tonight** 오늘밤에 | **ring** 반지

Help

날짜나 요일 앞에는 전치사 on을 써서 '~에' 라는 뜻을 더한다. 하지만 시간 앞에 '지난(last)/이번(this)/다음(next)' 과 같은 말이 있으면 전치사 'on' 을 붙이지 않는다.

· 토요일	Saturday
· 토요일에	on Saturday
· 지난(주) 토요일에	last Saturday
· 이번(주) 토요일에	this Saturday
· 다음(주) 토요일에	next Saturday

눈으로 확인하기

01. I <u>will</u> stay home this weekend.
  = am going to

02. She <u>will</u> visit her parents' house.
  = is going to

03. He <u>will</u> bring some beer.
  = is going to

04. She <u>will</u> work on Saturday.
  = is going to

05. He <u>will</u> study for the test.
  = is going to

06. I will give him this book next Saturday.
= am going to

07. We will attend the meeting tomorrow.
= are going to

08. They will see a movie this weekend.
= are going to

09. She will meet her friends tonight.
= is going to

10. He will give her the ring this Saturday.
= is going to

Chapter 2

그는 오늘 오후에 오지 않을 것이다
He will not come this afternoon.

조동사 will 바로 다음에 부정어 not을 붙여서 '~하지 않을 것이다' 라는 뜻의 미래형의 부정문을 만든다.

- 긍정문 : She will go to New York. 그녀는 뉴욕에 갈 것이다.
- 부정문 : She will not(=won't) go to New York.
  그녀는 뉴욕에 가지 않을 것이다.

미래형 평서문을 의문문(~할 것입니까?)으로 만들려면 조동사 will을 문장의 맨 앞으로 빼고 문장의 맨 끝에 물음표(?)를 붙이면 된다.

- 평서문 : She will go to New York. 그녀는 뉴욕에 갈 것이다.
- 의문문 : Will she go to New York? 그녀는 뉴욕에 갈 것입니까?

be going to가 포함된 미래형 평서문을 부정문으로 만들려면 be동사 (am, is, are) 바로 뒤에 부정어 not을 붙인다.

- 긍정문 : She is going to go to New York.
  그녀는 뉴욕에 갈 것이다.
- 부정문 : She is not going to go to New York.
  그녀는 뉴욕에 가지 않을 것이다.

의문문은 be동사(am, is, are)를 문장의 맨 앞으로 빼고 문장의 맨 끝에 물음표(?)를 붙인다.

- 평서문 : She is going to go to New York.
  그녀는 뉴욕에 갈 것이다.
- 의문문 : Is she going to go to New York?
  그녀는 뉴욕에 갈 것입니까?

미래형의 부정문과 의문문을 만드는 공식

〔부정문〕	〔의문문〕
주어 + will + not + 동사원형	Will + 주어 + 동사원형?
주어 + *be + not + going to + 동사원형	Be + 주어 + going to + 동사원형?

* be 동사는 주어에 따라 am, is, are로 바꾸어야 한다.

이해를 돕는 문제

01. I will not submit the paper tomorrow.

    = I _____ submit the paper tomorrow.

02. Will you submit the paper tomorrow?

    = _____ submit the paper tomorrow?

03. He will not come this afternoon.

    = He _____ come this afternoon?

04. Will he come this afternoon?

    = _____ come this afternoon?

↳ **단어** | submit 제출하다 | paper 리포트 | this afternoon 오늘 오후에

해설

01 | I <u>will not</u> submit the paper tomorrow.
- will = be going to
- will not = be not going to(주어가 'I'이므로 be동사는 'am')
→ I am not going to submit the paper tomorrow.

02 | <u>Will you</u> submit the paper tomorrow?
- 의문문이므로 will이 문장의 맨 앞에 왔다.
- be going to의 의문문에서는 be동사만 맨 앞으로 나간다(주어가 'you'이므로 be동사는 'are').
→ Are you going to submit the paper tomorrow?

03 | He <u>will not</u> come this afternoon.
- will = be going to
- will not = be not going to(주어가 'he'이므로 be동사는 'is')
→ He is not going to come this afternoon.

04 | <u>Will he</u> come this afternoon?
- 의문문이므로 will이 문장의 맨 앞에 왔다.
- be going to의 의문문에서는 be동사만 앞으로 나간다.(주어가 'he'이므로 be동사는 'is')
→ Is he going to come this afternoon?

영작하기

01. 그는 다음 주에 그 회의를 참석하지 않을 것이다.
    → _____

02. 나는 오늘 오후에 그 회의를 취소하지 않을 것이다.
    → _____

03. 그들은 내년에 해외로 여행하지 않을 것이다.
    → _____

04. 그녀는 이번 주말에 그녀의 부모님 집을 방문하지 않을 것이다.
    → _____

05. 나는 토요일에 일하지 않을 것이다.
    → _____

06. 우리는 내일 영화를 보지 않을 것이다.
    → _____

07. 나는 이번 토요일에 외출하지 않을 것이다.
    → _____

08. 그는 그녀에게 그 반지를 주지 않을 것이다.
    → _____

09. 그는 다음 주에 그 회의를 참석할 것입니까?
    → _____

10. 당신은 오늘 오후에 회의를 취소할 겁니까?
    → _____

11. 그들은 내년에 해외로 여행할 것입니까?
    → _____

12. 그녀는 이번 주말에 그녀의 부모님 집을 방문하나요?
    → _____

13. 당신은 토요일에 일할 겁니까?
    → _____

14. 당신은 내일 영화를 볼 건가요?
    → _____

15. 그녀는 이번 일요일에 집에 있을 건가요?
    → _____

↳ **단어** | **meeting** 회의 | **attend** 참석하다 | **next week** 다음 주(에) | **this afternoon** 오늘 오후에 | **cancel** 취소하다 | **next year** 내년에 | **abroad** 해외에, 해외로 | **travel** 여행하다 | **visit** 방문하다 | **work** 일하다 | **movie** 영화 | **see** 보다 | **go out** 외출하다 | **stay** 있다, 머무르다 | **home** 집(에) | **give** 주다

눈으로 확인하기

01. He <u>will not</u> attend the meeting next week.
    = is not going to

02. I <u>will not</u> cancel the meeting this afternoon.
    = am not going to

03. They <u>will not</u> travel abroad next year.
   = are not going to

04. She <u>will not</u> visit her parents' house this weekend.
   = is not going to

05. I <u>will not</u> work on Saturday.
   = am not going to

06. We <u>will not</u> see a movie tomorrow.
   = are not going to

07. I <u>will not</u> go out this Saturday.
   = am not going to

08. He <u>will not</u> give her the ring.
   = is not going to

09. <u>Will he</u> attend the meeting next week?
   = Is he going to

10. <u>Will you</u> cancel the meeting this afternoon?
   = Are you going to

11. <u>Will they</u> travel abroad next year?
   = Are they going to

12. <u>Will she</u> visit her parents' house this weekend?
   = Is she going to

13. <u>Will you</u> work on Saturday?
    = Are you going to

14. <u>Will you</u> see a movie tomorrow?
    = Are you going to

15. <u>Will she</u> stay home this Sunday?
    = Is she going to

Chapter 3

그녀는 피곤한 것이 틀림없다
She must be tired.

조동사란 말 그대로 동사를 돕는 말이다. 단순히 '그는 온다' 라고 말하고자 하는 경우에는 'He comes' 라고 하면 되겠지만 '올 것이다', '올지도 모른다', '올 수 있다' 와 같이 말을 하고자 할 때에는 동사 '오다' 를 도와서 뜻을 보조해줄 단어가 필요하다. 이렇게 동사에 다양한 의미를 더해주는 역할을 하는 것이 바로 조동사이다.

기본적인 조동사들로는 can, must, may 등이 있다.

- He can come.　　　그는 올 수 있다.
- He must come.　　　그는 와야 한다.
- He must be hungry.　그는 배가 고픔에 틀림없다.
- He may come.　　　그는 올지도 모른다.
- You may go.　　　너는 가도 좋다.

미래의 조동사 will에서 공부한 바와 같이, 조동사는 주어의 인칭에 영향을 받지 않기 때문에 모양이 절대 변하지 않는다. 또한 조동사의 위치는 동사의 앞이며 그 동사는 항상 원형이어야 한다는 것을 꼭 기억하자.

- 그는 온다.　　　　→ He comes.
- 그는 올 것이다.　　→ He will come.
　　　　　　　　　　　　조동사 + 동사 원형

조동사를 포함한 다양한 문장을 만드는 방법

> 주어 + 조동사 + 동사원형

기본 조동사의 의미

- can : ~할 수 있다(가능)
- must : ~해야 한다(의무) / ~임에 틀림없다(확실한 추측)
- may : ~일지도 모른다(추측) / ~해도 좋다(허가)

이해를 돕는 문제

01. It _____ _____ today. 오늘은 비가 올지도 모른다.
02. You _____ _____ my computer. 너는 내 컴퓨터를 사용해도 좋다.
03. I _____ _____ fast. 나는 빨리 달릴 수 있다.
04. You _____ _____ it now. 너는 지금 그것을 해야 한다.
05. She _____ _____ tired. 그녀는 피곤함에 틀림없다.

└ **단어** | rain 비가 오다 | use 사용하다 | run 달리다 | fast 빨리 | do 하다

해설

01 | 조동사 (~일지도 모른다) + 동사원형 (비가 오다) → **may rain**
02 | 조동사 (~해도 좋다) + 동사원형 (사용하다) → **may use**
03 | 조동사 (~할 수 있다) + 동사원형 (달리다) → **can run**
04 | 조동사 (~해야 한다) + 동사원형 (하다) → **must do**
05 | 조동사 (~임에 틀림없다) + 동사원형 (이다) → **must be**

KEY POINT

Ⓐ : may는 허락과 추측의 두 가지 뜻을 가지고 있는 조동사이기 때문에 문장에 따라 알맞게 해석해야 한다. 또한 '~일지도 모른다' 라고 추측의 뜻으로 사용되는 may는 might와 바꿔 쓸 수 있다.

It may rain. 비가 올지도 모른다.
= It might rain. 비가 올지도 모른다.

Ⓑ : 의무의 조동사 must에는 '~임에 틀림없다' 라는 의미도 있다는 것을 참고하자. 이때의 조동사 must 다음에는 주로 be + 형용사가 온다.

He is hungry. 그는 배가 고프다.
→ He must be hungry. 그는 배가 고픔에 틀림없다.

영작하기

01. 그녀는 그 시험을 통과할 수 있다.

    → _____

02. 그녀는 그 시험에 또 떨어질지도 모른다.

    → _____

03. 그녀는 그 시험을 통과해야 한다.

    → _____

04. 모두가 그 회의를 참석할 수 있다.

    → _____

05. 모두가 그 회의를 참석해야 한다.

→ _____

06. 모두가 그 회의를 참석해도 좋다.

→ _____

07. 그는 그 기계를 고칠 수 있다.

→ _____

08. 당신은 여기서 점심을 먹어야 합니다.

→ _____

09. 당신은 그 창문을 열어도 좋습니다.

→ _____

10. 그들은 중국어를 말할 수 있다.

→ _____

단어 | **exam** 시험 | **pass** 통과하다 | **fail** 떨어지다 | **again** 또 | **everyone** 모두 | **attend** 참석하다 | **machine** 기계 | **fix** 고치다 | **have/eat** 먹다 | **here** 여기(서) | **open** 열다 | **Chinese** 중국어 | **speak** 말하다

눈으로 확인하기

01. She <u>can pass</u> the exam.

→ 그녀는 통과할 수 있다　　　+ 〈무엇을?〉 그 시험
조동사(~할 수 있다) + 동사원형(통과하다)

02. She <u>may fail</u> the exam again.

→ 그녀는 떨어질지도 모른다　　+ 〈무엇을?〉 그 시험
조동사(~일지도 모른다) + 동사원형(떨어지다)

03. She <u>must pass</u> the exam.
　　　→ 그녀는 통과해야 한다　　＋ 〈무엇을?〉 그 시험
　　조동사(～해야 한다) ＋ 동사원형(통과하다)

04. Everyone <u>can attend</u> the meeting.
　　　　→ 모두가 참석할 수 있다　＋ 〈무엇을?〉 그 회의
　　조동사(～할 수 있다) ＋ 동사원형 (참석하다)

05. Everyone <u>must attend</u> the meeting.
　　　　→ 모두가 참석해야 한다　＋ 〈무엇을?〉 그 회의
　　조동사(～해야 한다) ＋ 동사원형(참석하다)

06. Everyone <u>may attend</u> the meeting.
　　　　→ 모두가 참석해도 좋다　＋ 〈무엇을?〉 그 회의
　　조동사(～해도 좋다) ＋ 동사원형(참석하다)

07. He <u>can fix</u> the machine.
　　　→ 그는 고칠 수 있다　　＋ 〈무엇을?〉 그 기계
　　조동사(～할 수 있다) ＋ 동사원형(고치다)

08. You <u>must have</u> lunch here.
　　　→ 당신은 먹어야 한다　　＋ 〈무엇을?〉 점심 ＋ 〈나머지〉 여기서
　　조동사(～해야 한다) ＋ 동사원형(먹다)

09. You <u>may open</u> the window.
　　　→ 당신은 열어도 좋다　　＋ 〈무엇을?〉 그 창문
　　조동사(～해도 좋다) ＋ 동사원형(열다)

10. They <u>can speak</u> Chinese.
　　　→ 그들은 말할 수 있다　　＋ 〈무엇을?〉 중국어
　　조동사(～할 수 있다) ＋ 동사원형(말하다)

Chapter 4

당신은 여기에 머물러선 안 된다
You may not stay here.

    조동사가 들어 있는 문장을 부정하거나 의문문으로 만드는 방법은 앞에서 미래의 조동사 will을 공부할 때 이미 다 설명했다. 다시 한 번 설명하면 먼저 부정문은 조동사 바로 다음에 부정어 not을 넣으면 되고 의문문은 조동사를 문장의 맨 앞으로 빼면 된다. 물론 물음표(?)도 붙여야 한다.

- 긍정문 : He can swim.
- 부정문 : He cannot swim.
- 의문문 : Can he swim?

    조동사는 ① 긍정의 문장에서 동사 앞에 위치하고, ② 뒤따라오는 동사는 항상 그 원형이어야 하고, ③ 부정문은 [조동사+not]으로 만들고, ④ 의문문은 조동사를 문장의 맨 앞으로 보내서 만든다는 점은 동일하지만 표현하는 뜻이 각기 다르기 때문에 조동사들이 다양하게 표현하는 의미를 확실하게 알아두는 것이 중요하다.

    그럼 기본적인 조동사들(can, may, must)이 부정어 not과 함께 쓰였을 때와 문장의 맨 앞에 위치해서 의문문을 만들 때 표현하는 의미에 대해 공부하자.

조동사를 포함한 문장의 부정문을 만드는 방법

| 주어 | + | 조동사 + not | + | 동사원형 |

조동사 + not의 의미

- cannot : ~할 수 없다 / ~일 리가 없다
- may not : ~해서는 안 된다 / ~하지 않을지도 모른다
- must not : ~해서는 안 된다

조동사를 포함한 문장의 의문문을 만드는 방법

| 조동사 | + | 주어 | + | 동사원형 |

의문문에서 조동사의 의미

- Can : ~할 수 있나요?
- May : ~해도 되나요?
- Must : ~해야 하나요?

이해를 돕는 문제

01. I ___ ___ speak German. 나는 독일어를 말할 수 없다.
02. ___ ___ ___ German? 당신은 독일어를 말할 수 있나요?
03. You ___ ___ ___ here. 당신은 여기에 머물러서는 안 됩니다.
04. ___ ___ help you? 제가 당신을 도와드려도 될까요?
05. It ___ ___ rain. 비가 오지 않을지도 모른다.

ㄴ 단어 | speak 말하다 | German 독일어 | stay 있다, 머무르다 | here 여기 | rain 비가 오다

해설

01 | ~할 수 없다 → cannot(=can't)

02 | 당신은 말할 수 있나요? → Can you speak~?
　· 의문문: 조동사 + 주어 + 동사원형?

03 | 머물러선 안 된다 → may not　　stay
　　　　　　　　　　　　must not　　stay
　· 부정문: 조동사 + not + 동사원형

04 | ~해도 될까요? → May I ~?

05 | ~않을지도 모른다 → may not(또는 might not)

영작하기

01. 그는 내일 그 회의를 참석하지 않을지도 모른다.
    → _____

02. 그는 이 컴퓨터를 고칠 수 없어요.
    → _____

03. 그녀는 내일 당신 사무실을 방문하지 않을지도 몰라요.
    → _____

04. 너는 혼자서 여행해선 안 된다.
    → _____

05. 나는 너에게 돈을 빌려줄 수 없다.
→ _____

06. 당신들은 6시 이후에 여기에 있어서는 안 됩니다.
→ _____

07. 그것이 사실일 리가 없다.
→ _____

08. 제가 당신 전화를 써도 될까요?
→ _____

09. 그는 이 컴퓨터를 고칠 수 있나요?
→ _____

10. 제가 내일 당신 사무실을 방문해도 될까요?
→ _____

11. 그 문 좀 닫아줄 수 있나요?
→ _____

12. 제가 이 책을 읽어도 될까요?
→ _____

13. 나는 여기서 점심을 먹어야 하나요?
→ _____

14. 당신이 제게 영어를 가르쳐줄 수 있나요?
→ _____

ㄴ 단어 | attend 참석하다 | meeting 회의 | fix 고치다 | visit 방문하다 | travel 여행하다 | by yourself 혼자 | lend 빌려주다 | after ~이후에 | true 사실인 | phone 전화 | use 쓰다 | close 닫다 | have/eat 먹다 | teach 가르치다

Help

조동사 can의 부정은 '~일 리가 없다' 라는 뜻으로도 쓰인다. 이때에는 뒤에 be동사를 동반한 형용사가 주로 온다.

cannot + be + 형용사 : (형용사)일 리가 없다

눈으로 확인하기

01. He <u>may not</u> attend the meeting tomorrow.
    ~않을지도 모른다

    = He might not attend the meeting tomorrow.

02. He <u>can't</u> fix this computer.
    ~할 수 없다

03. She <u>may not</u> visit your office tomorrow.
    ~않을지도 모른다 (= might not)

04. You <u>must not</u> travel by yourself.
    ~해서는 안 된다

    = You <u>may not</u> travel by yourself.
    ~해서는 안 된다

05. I <u>can't</u> lend you money.
    ~할 수 없다

06. You <u>must not</u> stay here after six.
　　　　～해서는 안 된다

　= You <u>may not</u> stay here after six.
　　　　～해서는 안 된다

07. It <u>can't</u> be true.
　　　～일 리가 없다

08. <u>May</u> I use your phone?
　　　～해도 되나요?

09. <u>Can</u> he fix this computer?
　　　～할 수 있나요?

10. <u>May</u> I visit your office tomorrow?
　　　～해도 되나요?

11. <u>Can</u> you close the door?
　　　～할 수 있나요?

12. <u>May</u> I read this book?
　　　～해도 되나요?

13. <u>Must</u> I have lunch here?
　　　～해야 하나요?

14. <u>Can</u> you teach me English?
　　　～할 수 있나요?

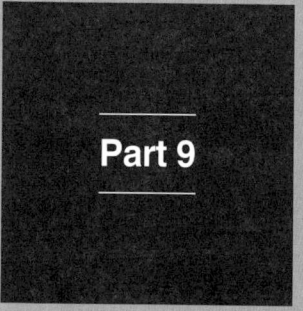

Magic English Writing

현재완료형으로 영작하기

Chapter 1

나는 일한 적이 있다
I have worked.

우리말에서 과거에 단순히 '~했다, 했었다'라고 말할 때에는 영어에서도 동사의 과거형을 써서 나타내면 된다. 하지만 '~한 적이 있다'라는 '경험'을 표현할 때 영어에서는 현재완료형 시제로 나타낸다. 그럼 현재완료형을 만드는 방법부터 알아보자.

현재완료형을 만드는 방법

주어에 따라 have 또는 has가 오며 이때의 have(has)는 현재완료형을 만들기 위해 동사를 보조하는 역할을 하는 조동사이기 때문에 일반동사 '가지다'의 뜻은 전혀 가지고 있지 않다. 하지만 다른 조동사들과는 달리 현재완료형을 만드는 조동사 have 다음에는 동사의 원형 대신 동사의 '과거분사'가 온다는 것에 주의해야 한다. 그럼 여기서 동사의 '과거분사'가 무엇인지 알아보자.

동사에는 그 원형과 과거형 그리고 마지막으로 이 과거분사형이 있다. 앞에서 공부한 동사의 과거형에서 규칙동사에 해당하는 동사들은 그 과거형과 과거분사형이 동일하지만, 불규칙동사들은 과거형과 마찬가지로 과거분사 역시 규칙이 없기 때문에 과거형과 함께 외워두어야 한다.

동사 변화의 예

규칙동사

뜻	원형	과거형	과거분사형
걷다	walk	walked	walked
살다	live	lived	lived
방문하다	visit	visited	visited
보다	watch	watched	watched
놀다	play	played	played
요리하다	cook	cooked	cooked
일하다	work	worked	worked

불규칙동사

뜻	원형	과거형	과거분사형
가다	go	went	gone
오다	come	came	come
보다	see	saw	seen
먹다	eat	ate	eaten
주다	give	gave	given
쓰다	write	wrote	written
가르치다	teach	taught	taught

- 현재형 문장 : I see the movie. 나는 그 영화를 본다.
- 과거형 문장 : I saw the movie. 나는 그 영화를 보았다.
- 현재완료형 문장 : I have seen the movie. 나는 그 영화를 본 적이 있다.

이해를 돕는 문제

01. I _____. 나는 일한다.
    I _____. 나는 일했다.
    I _____. 나는 일한 적이 있다.
02. He ____. 그는 먹는다.
    He ____. 그는 먹었다.
    He ____. 그는 먹은 적이 있다.
03. She ____. 그녀는 방문한다.
    She ____. 그녀는 방문했다.
    She ____. 그녀는 방문한 적이 있다.

ㄴ 단어 | work 일하다 | eat 먹다 | visit 방문하다

해설

01 | (현재형)　　　나는 일한다.　　　　　　→ I work.
　　(과거형)　　　　나는 일했다.　　　　　　→ I worked.
　　(현재완료형)　 나는 일한 적이 있다.　　 → I have worked.

02 | (현재형)　　　그는 먹는다.　　　　　　→ He eats.
　　(과거형)　　　　그는 먹었다.　　　　　　→ He ate.
　　(현재완료형)　 그는 먹은 적이 있다.　　 → He has eaten.

03 | (현재형)　　　그녀는 방문한다.　　　　 → She visits.
　　(과거형)　　　　그녀는 방문했다.　　　　 → She visited.
　　(현재완료형)　 그녀는 방문한 적이 있다. → She has visited.

KEY POINT

주　어	
3인칭 단수	그 외
he (또는 한 명의 남자이름) she (또는 한 명의 여자이름) it (또는 동물 한 마리나 하나의 사물)	I, you, we, they 또는 그 외의 복수형

　현재형 문장에서 주어가 3인칭 단수이면 동사원형에 '-s'를 붙여서 현재형 문장을 만든다.
　현재완료형 문장에서 주어가 3인칭 단수이면 'has + 과거분사'가 되고, 3인칭 단수 이외의 주어가 오면 'have + 과거분사'가 된다. 과거형 문장에서 동사는 주어의 인칭에 영향을 받지 않는다.

영작하기

01. 나는 팬더를 본 적이 있다.
    → _____

02. 그는 달팽이를 먹은 적이 있다.
    → _____

03. 나는 외국인들과 함께 일한 적이 있다.
    → _____

04. 그녀는 인디언 음식을 먹어본 적이 있다.
    → _____

05. 나는 대통령과 이야기한 적이 있다.
    → _____

06. 우리는 영국에 간 적이 있다.
    → _____

07. 나는 복권에서 백만 달러를 딴 적이 있다.
    → _____

08. 그는 길에서 돈을 발견한 적이 있다.
    → _____

09. 그녀는 그들에게 돈을 빌려준 적이 있다.
    → _____

10. 나는 엄마에게 거짓말한 적이 있다.

    →

11. 그녀는 그 공장을 방문한 적이 있다.

    →

12. 나는 그들을 내 집에 초대한 적이 있다.

    →

13. 그는 아이들에게 영어를 가르친 적이 있다.

    →

14. 나는 맥주 다섯 병을 마신 적이 있다.

    →

ㄴ. **단어** | **see-saw-seen** 보다 | **panda** 팬더 | **snail** 달팽이 | **foreigner** 외국인 | **with** ~와 함께 | **Indian food** 인디언 음식 | **try-tried-tried** 먹어보다, 시도하다 | **the President** 대통령 | **talk-talked-talked** 이야기하다 | **England** 영국 | **win-won-won** 따다, 승리하다 | **a million dollars** 백만 달러 | **lottery** 복권 | **on the street** 길에서 | **find-found-found** 발견하다, 찾다 | **lend-lent-lent** 빌려주다 | **lie-lied-lied** 거짓말하다 | **factory** 공장 | **invite-invited-invited** 초대하다 | **teach-taught-taught** 가르치다 | **children** 아이들 | **drink-drank-drunken** 마시다 | **five bottles of beer** 맥주 다섯 병

Help

'~에 간 적이 있다'라고 말할 때에는 동사 go를 사용하지 않고 be동사를 사용한다는 것에 주의하자. be의 과거분사 been을 써서 [have been to + 장소]로 '~에 간 적이 있다'를 표현한다.

동사 try는 '시도하다, 한 번 해보다'라는 뜻으로, '한 번 먹어보다, 한 번 입어보다'의 의미도 포함하고 있다.

우리말의 '~에서'에 해당하는 영어의 전치사로는 'in, on, at'이 있는데

'길이나 거리' 앞에는 전치사 'on'을 쓴다. 또한 '(어디)로', '(어디)에' 라는 방향을 표현하는 전치사 to에는 '(누구)에게' 라는 뜻도 있다. '~와, 과, ~와 함께' 의 뜻을 가진 전치사는 with이다.

눈으로 확인하기

01. I have seen a panda.
  → 나는 본 적이 있다 + 〈무엇을?〉 팬더
  have(has) + see의 pp

02. He has eaten snails.
  → 그는 먹은 적이 있다 + 〈무엇을?〉 달팽이
  have(has) + eat의 pp

03. I have worked with foreigners.
  → 나는 일한 적이 있다 + 〈무엇을?〉 X + 〈나머지〉 외국인들과 함께
  have(has) + work의 pp   와 함께+외국인들

04. She has tried Indian food.
  → 그녀는 먹어본 적이 있다 + 〈무엇을?〉 인디언 음식
  have(has) + try의 pp

05. I have talked with the President.
  → 나는 이야기한 적이 있다 + 〈무엇을?〉 X + 〈나머지〉 대통령과
  have(has) + talk의 pp   과+대통령

06. We have been to England.
  → 우리는 간 적이 있다 + 〈무엇을?〉 X + 〈나머지〉 영국에
  have(has) + be의 pp   에+영국

07. I <u>have won</u> a million dollars in a lottery.

→ 나는 딴 적이 있다 + 〈무엇을?〉 백만 달러 + 〈나머지〉 복권에서
have(has) + win의 pp   에서+복권

08. He <u>has found</u> money on the street.

→ 그는 발견한 적이 있다 + 〈무엇을?〉 돈 + 〈나머지〉 길에서
have(has) + find의 pp   에서+길

09. She <u>has lent</u> them money.

→ 그녀는 빌려준 적이 있다 + 〈누구에게?〉 그들에게 + 〈무엇을?〉 돈
have(has) + lend의 pp

10. I <u>have lied</u> to my mother.

→ 나는 거짓말한 적이 있다 + 〈무엇을?〉 X + 〈나머지〉 엄마에게
have(has) + lie의 pp   에게+엄마

11. She <u>has visited</u> the factory.

→ 그녀는 방문한 적이 있다 + 〈무엇을?〉 그 공장
have(has) + visit의 pp

12. I have <u>invited them</u> to my house.

→ 나는 초대한 적이 있다 + 〈무엇을?〉 그들을 + 〈나머지〉 내 집에
have(has) + invite의 pp   에+내 집

13. He <u>has taught</u> children English.

→ 그는 가르친 적이 있다 + 〈누구에게?〉 아이들 + 〈무엇을?〉 영어
have(has) + teach의 pp

14. I <u>have drunken</u> 5 bottles of beer.

→ 나는 마신 적이 있다 + 〈무엇을?〉 맥주 5병
have(has) + drink의 pp

Chapter 2

나는 1999년부터 여기서 일하고 있다
I have worked here since 1999.

앞서 살펴보았듯이 영어에는 현재형, 과거형, 미래형 이외에도 현재완료형이라는 독특한 시제가 존재한다. 현재완료형이라는 것은 과거에 일어난 일이 지금 현재까지도 이어지고 있을 때를 표현하는 시제이다. 따라서 '~한 적이 있다' 라는 '경험' 외에도 과거에서 현재까지 '계속' 이어지고 있는 일이나 과거에 시작된 동작이 현재에 '완료' 되어버렸을 때에도 현재완료형 시제로 표현해야 한다.

'계속' 의 의미를 나타낼 때

과거에서부터 지금까지 계속적으로 이어지고 있는 일을 나타낼 때는 현재완료형 시제를 사용한다.

- 과거형 : I lived in England.
  나는 영국에 살았다(지금은 안 산다).
- 현재완료형 : I have lived in England.
  나는 영국에 살고 있다(예전부터 살기 시작해서 지금까지도 살고 있다).

따라서 얼마나 오랫동안 살고 있는지에 대한 기간을 표시하는 말이 주로 뒤에 나타나서, '~동안' 을 뜻하는 전치사 for 또는 '~이래로' 라는 뜻의 전치사 since가 사용된다.

· I have lived in England for 5 years.
  나는 5년 동안 영국에서 살고 있다(영국에서 산 지 5년째이다).
· I have lived in England since 1995.
  나는 1995년부터 영국에서 살고 있다.

완료의 의미를 나타낼 때

과거에 시작된 동작이 현재에 와서 끝나버렸을 때 현재완료형 (have+과거분사)을 사용한다. 이럴 경우에는 주로 '지금 막', '방금'이라는 뜻의 부사 just나 '이미'라는 뜻의 부사 already와 함께 쓰이는데, 이러한 부사들은 have와 과거분사 사이에 위치한다.

· 과거형 : I ate lunch at 1.
          나는 1시에 점심을 먹었다.
· 현재완료형 : I have just eaten lunch.
              나는 지금 막 점심을 먹었다.

현재완료형(have/has + 과거분사)시제로 표현하는 문장

이럴 때 have(has)+과거분사를 사용한다	동반하는 말	동반하는 말의 위치
① 과거의 (경험)을 나타낼 때		
② 과거에 일어난 일이 현재까지 (계속) 이어지고 있을 때 (~부터/~이래로)	for + 기간 (~동안) since + 과거의 한 시점	문장의 끝부분에 온다.
③ 과거에 시작된 일이 지금 막 (완료)되었을 때	just (방금, 지금 막) already (이미)	have와 과거분사 사이에 온다.

이해를 돕는 문제

01. I ___ ___ here ___ 3 years.
    나는 여기서 3년 동안 일하고 있다.

02. She ___ ___ here ___ 1999.
    그녀는 1999년부터 여기서 일하고 있다.

03. He ___ ___ ___ here.
    그는 지금 막 여기에 도착했다.

ㄴ. 단어 | work-worked-worked 일하다 | arrive-arrived-arrived 도착하다

해설

01 | 나는 여기서 3년 동안 일하고 있다(계속의 의미를 지닌 현재완료형).
   → I have worked here for 3 years.
   · 나는 <u>일하고 있다</u> + (나머지) 여기서 3년 <u>동안</u>
     have worked   **for**

02 | 그녀는 1999년부터 여기서 일하고 있다(계속의 의미를 지닌 현재완료형). → She has worked here since 1999.
   · 그녀는 <u>일하고 있다</u> + (나머지) 여기서 1999년<u>부터</u>
     has worked   **since**

03 | 그는 지금 막 여기에 도착했다(완료의 의미를 지닌 현재완료형).
   → He has just arrived here.
   · 그는 <u>도착했다</u> + (나머지) 지금 막 여기에
     has arrived   **just**

   이때의 just는 has와 arrived 사이에 위치해야 한다.

영작하기

01. 나는 이 컴퓨터를 사용한 지 5달째이다.
    → _____

02. 우리는 이 컴퓨터를 1998년부터 사용하고 있다.
    → _____

03. 나는 방금 그의 편지를 받았다.
    → _____

04. 그는 이 회사에서 일한 지 15년이 된다.
    → _____

05. 그들은 1995년 이래로 이 회사에서 일하고 있다.
    → _____

06. 그녀는 이미 그 리포트를 끝마쳤다.
    → _____

07. 우리는 서로 알고 지낸 지 10년이 되었다.
    → _____

08. 그는 그녀를 안 지 몇 년이 되었다.
    → _____

09. 나는 이미 그것을 해버렸다.
    → _____

10. 그는 영어를 공부한 지 3년이 되었다.

   → _____

ㄴ. **단어** | use-used-used 사용하다 | month 달 | receive-received-received 받다 | just 방금, 지금 막 | company 회사 | work for~ ~에서 일하다 | paper 리포트, 보고서 | already 이미 | finish-finished-finished 끝내다 | know-knew-known 알다 | each other 서로 | several 몇몇의 | do-did-done 하다 | study-studied-studied 공부하다

Help

01 | 우리말에서 '~한 지 몇 년이 되었다'라든지, '~한 지 몇 년째이다'라는 표현은 '몇 년 동안 ~하고 있다'와 같은 뜻이기 때문에 영어에서 계속의 의미로 쓰이는 현재완료형(have+과거분사) 시제로 표현해야 한다.

02 | '먹다'의 뜻을 가진 동사에는 eat와 have가 있다. 따라서 '저녁을 먹다'는 eat dinner라고 해도 되고 have dinner라고 해도 된다.

03 | since 다음에 오는 1998년과 같은 연도는 쓸 때에는 1998이라는 숫자로만 나타내면 되고, 읽을 때에는 두 자리씩 끊어서 19(nineteen) 98(ninety-eight)으로 읽으면 된다. 하지만 기간을 표현하는 전치사 for 다음에 오는 5년, 10년과 같은 말들은 year년라는 단어를 사용해야 한다.
　· 1998년부터 → since 1998
　· 5년 동안 → for 5 years

눈으로 확인하기

01. I have used this computer for 5 months.
= 나는 5달 동안 이 컴퓨터를 사용하고 있다. (현재완료형 '계속')
→ 나는 사용하고 있다 + 〈무엇을?〉 이 컴퓨터 + 〈나머지〉 5달 동안
have(has) + '사용하다'의 pp　　　　　　　　　동안+5달

02. We have used this computer since 1998.
→ 우리는 사용하고 있다 + 〈무엇을?〉 이 컴퓨터 + 〈나머지〉 1998년부터
have(has) + '사용하다'의 pp　　　　　　　　　부터+1998

03. I have just received his letter.
→ 나는 받았다 + 〈무엇을?〉 그의 편지 + 〈나머지〉 방금
have(has) + '받다'의 pp　　　　　　　　have(has)와 pp 사이에 위치

04. He has worked for his company for 15 years.
= 그는 15년 동안 이 회사에서 일하고 있다. (현재완료형 '계속')
→ 그는 일하고 있다 + 〈무엇을?〉 X + 〈나머지〉 이 회사에서 / 15년 동안
have(has) + '일하다'의 pp　　　　　　　　for+이 회사/ for+15년

05. They have worked for their company since 1995.
→ 그는 일하고 있다 + 〈무엇을?〉 X + 〈나머지〉 이 회사에서 / 1995년 이래로
have(has) + pp　　　　　　　　　　　　for+이 회사/ since+1995

06. She has already finished the paper.
→ 그녀는 끝마쳤다 + 〈무엇을?〉 그 리포트 + 〈나머지〉 이미
have(has) + '끝마치다'의 pp　　　　　　　have(has)와 pp 사이에 위치

07. We have known each other for 10 years.
= 우리는 10년 동안 서로를 알고 있다. (현재완료형 '계속')
→ 우리는 알고 있다 + 〈무엇을?〉 서로 + 〈나머지〉 10년 동안
have(has) + '알다'의 pp　　　　　　　　for+10년

08. He has known her for several years.

= 그는 몇 년 동안 그녀를 알고 있다. (현재완료형 '계속')
→ 그는 알고 있다 + 〈무엇을?〉 그녀를 + (나머지) 몇 년 동안
　　have(has) + '알다'의 pp　　　　　　　　　　for + 몇 년

09. I have already done it.

→ 나는 해버렸다 + 〈무엇을?〉 그것 + (나머지) 이미
　　have(has) + '하다'의 pp　　　　　　have(has)와 pp 사이에 위치

10. He has studied English for 3 years.

= 그는 3년 동안 영어를 공부하고 있다. (현재완료형 '계속')
→ 그는 공부하고 있다 + 〈무엇을?〉 영어 + (나머지) 3년 동안
　　have(has) + '공부하다'의 pp　　　　　　　　for + 3년

Chapter 3

당신은 벌써 그것을 마쳤습니까?
Have you finished it yet?

[have(has)+과거분사]의 현재완료형에서 have(has)는 뒤따라오는 동사를 보조하는 역할을 하는 조동사이다. 앞에서 우리는 조동사를 포함하고 있는 문장의 부정문은 '조동사+not'으로 만들고, 의문문은 조동사를 문장의 맨 앞으로 끌어내서 만든다는 것을 공부하였다. 따라서 현재완료형에서도 부정문은 조동사 have(has) 다음에 부정어 not을 붙이면 되고 의문문은 조동사 have(has)를 문장의 맨 앞으로 위치시키면 된다.

하지만 앞에서 공부한 조동사들(do, will, can, may, must) 다음에는 동사의 원형이 왔지만, 현재완료형의 조동사 have(has) 다음에는 동사의 과거분사가 온다는 차이점에도 다시 한 번 주의하도록 하자.

현재완료형의 의문문을 만드는 방법

have(has) + 주어 + 동사의 pp형 ?

뜻	동반하는 말	동반하는 말의 위치
~한 적 있나요? (경험)	ever (경험 강조)	과거분사 앞
벌써 다 ~했나요? (완료)	yet (벌써)	문장 끝

· 경험 : Have you ever seen it? 당신은 그것을 본 적이 있나요?
· 완료 : Have you done it yet? 당신은 그것을 벌써 다 했나요?

현재완료형의 부정문을 만드는 방법

| 주어 | + | have(has) + not | + | 동사의 pp형 |

have not과 has not을 줄여서 haven't 그리고 hasn't 라고 한다.

뜻	동반하는 말	동반하는 말의 위치
~한 적이 없다 (경험) 아직 ~하지 않았다 (완료)	not 대신 never를 주로 사용 yet (아직)	not의 자리 문장 끝

· 경험: I have not seen it. = I have never seen it.
· 완료: I have not done it yet.

이해를 돕는 문제

01. ____ you ____ ____ him? 당신을 그를 만난 적이 있나요?

02. She ____ ____ ____ him. 그녀는 그를 만난 적이 없다.

03. ____ you ____ it ____? 당신은 그것을 벌써 끝마쳤습니까?

04. He ____ ____ ____ it ____. 그는 그것을 아직 끝마치지 않았다.

ㄴ. 단어 | meet-met-met 만나다 | finish-finished-finished 끝마치다 | yet 아직, 벌써

해설

01 | '경험'의 현재완료형(have/has + 과거분사)의 의문문:

① 조동사 have(has)를 문장의 맨 앞으로 보내고,
② 경험의 부사 ever를 과거분사 앞에 가져온다.

→ Have you ever met him?

02 │ '경험'의 현재완료형(have/has+과거분사)의 부정문:

   has 다음에 부정어 not 또는 never를 넣는다.
   → She has not met him. 또는 She has never met him.

03 │ '완료'의 현재완료형(have/has+과거분사)의 의문문:

   ① 조동사 have(has)를 맨 앞으로 보내고,
   ② 맨 끝에 yet(벌써)을 가져온다.
   → Have you finished it yet?

04 │ '완료'의 현재완료형(have/has+과거분사)의 부정문:

   ① 조동사 have(has) 다음에 부정어 not을 넣고,
   ② 맨 끝에 yet(아직)을 가져온다.
   → He has not finished it yet.

KEY POINT

현재완료형 시제 중에서 '완료'를 표현하는 문장에 사용하는 부사 'already'와 'yet'의 차이점을 잘 알아두자.

	뜻	사용되는 문장
already	벌써(이미)	긍정문
yet	벌써(이미)	의문문
	아직	부정문

Part 9 현재완료형으로 영작하기 │ 251

영작하기

01. 당신은 외국인들과 함께 일해본 적이 있나요?
    → _____

02. 그는 영국에 간 적이 있나요?
    → _____

03. 당신은 길에서 돈을 발견한 적이 있나요?
    → _____

04. 그들은 외국인을 집에 초대한 적이 있나요?
    → _____

05. 그녀는 벌써 이 책을 다 읽었나요?
    → _____

06. 그 회의는 이미 끝났나요?
    → _____

07. 나는 외국인들과 함께 일한 적이 없어요.
    → _____

08. 그는 영국에 간 적이 없어요.
    → _____

09. 그녀는 길에서 돈을 발견한 적이 없다.
    → _____

10. 그들은 외국인을 집으로 초대한 적이 없다.

→ _____

11. 그는 아직 이 책을 다 읽지 않았다.

→ _____

12. 그 회의는 아직 끝나지 않았다.

→ _____

13. 나는 아직 나의 새로운 선생님을 보지 못했다.

→ _____

┗, **단어** | **foreigner** 외국인 | **with** ~와/과 (함께) | **on the street** 길에서 | **find-found-found** 발견하다 | **invite-invited-invited** 초대하다 | **read-read-read** 읽다 | **meeting** 회의 | **finish-finished-finished** 끝나다 | **see-saw-seen** 보다

Help

'~에 간 적이 있다(현재완료형의 경험)'라고 할 경우에는 동사 'go'를 사용하지 않는 것에 주의하자. 이때만은 be동사의 과거분사 'been'을 사용하여 [have(has) been to + 장소]로 나타내야 한다.

· I have been to Paris. 나는 파리에 간 적이 있다.

눈으로 확인하기

01. <u>Have you ever worked</u> with foreigners?
    Have + 주어 + ever + pp → [경험]의 의문문

02. <u>Has he ever been</u> to England?
   Has+주어+ever+pp → (경험)의 의문문

03. <u>Have you ever found</u> money on the street?
   Have+주어+ever+pp → (경험)의 의문문

04. <u>Have they ever invited</u> foreigners to their house?
   Have+주어+ever+pp → (경험)의 의문문

05. <u>Has she read</u> this book <u>yet</u>?
   Has+주어+pp   벌써(이미) → (완료)의 의문문

06. <u>Has the meeting finished yet</u>?
   Has+주어+pp   벌써(이미) → (완료)의 의문문

07. I <u>have never(not) worked</u> with foreigners.
   have+never(not)+pp → (경험)의 부정문

08. He <u>has never(not) been</u> to England.
   has+never(not)+pp → (경험)의 부정문

09. She <u>has never(not) found</u> money on the street.
   has+never(not)+pp → (경험)의 부정문

10. They <u>have never(not) invited</u> foreigners to their house.
   have+never(not)+pp → (경험)의 부정문

11. He <u>has not read</u> this book <u>yet</u>.
   has+not+pp   아직 → (완료)의 부정문

12. The meeting <u>has not finished</u> <u>yet</u>.
                      has+not+pp   아직 → (완료)의 부정문

13. I <u>have not seen</u> my new teacher <u>yet</u>.
        have+not+pp   아직 → (완료)의 부정문

Chapter 4

당신은 2년 동안 영어를 배우고 있습니까?

Have you been learning English for 2 years?

어떤 동작이 말하고 있는 현재 진행되고 있을 때에는 현재진행형(be+-ing)으로 표현하지만, 과거에서부터 시작된 동작이 현재까지도 계속 진행되고 있을 때에는 '현재완료의 진행형'으로 나타내야 한다. 그럼 먼저 현재완료의 진행형이 무엇인지 알아보자.

① 현재완료의 진행형 만들기

현재완료의 진행형은 말 그대로 현재완료형(have+pp)과 진행형(be+-ing)이 합쳐진 형태이다. 따라서 have(has)+be의 과거분사+동사ing로 만들어지는 것이다.

· She has been waiting for an hour.
  그녀는 1시간 동안 기다리고 있다.
  → 1시간 전이라는 과거에서부터 지금까지 계속해서 기다리고 있는 동작이 진행되고 있기 때문에, '현재완료의 진행형'으로 나타낸다.

② 현재완료 진행형의 의문문 만들기

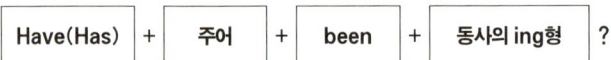

현재완료의 의문문과 마찬가지로, 조동사 Have(Has)만 문장의 맨 앞으로 보내면 된다. 물론 물음표도 잊어서는 안 된다.

· Have you been waiting long?
당신은 오래 기다리고 있는 겁니까?

③ 현재완료 진행형의 부정문 만들기

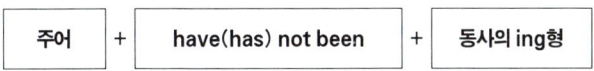

부정문도 '현재완료'와 마찬가지로, 조동사 have(has) 바로 뒤에 부정어 not을 넣으면 된다.

· I haven't been waiting long.
나는 기다린 지 오래되지 않는다.

이해를 돕는 문제

01. I ____ ___ ___ English for 2 years.
나는 2년 동안 영어를 배우고 있다.

02. She ___ ___ ___ for 2 hours.
그녀는 2시간 동안 독서하고 있다.

03. ___ ___ ___ learning English for 2 years?
당신은 2년 동안 영어를 배우고 있습니까?

04. ___ ___ ___ ___ for 2 hours?
그녀는 2시간 동안 독서를 하고 있는 건가요?

↳ 단어 | learn 배우다 | read 독서하다

해설

01 | 나는 2년 동안 영어를 배우고 있다.
2년 전의 과거에서부터 지금 현재까지도 계속해서 배우는 동작이 진행되고 있으므로, 현재완료의 진행형 have(has) + been + '배우다' 의 'ing' 로 나타낸다.
→ I have been learning English for 2 years.

02 | 그녀는 2시간 동안 독서하고 있다.
2시간 전이라는 과거에서부터 지금 현재까지도 계속해서 독서하는 동작이 진행되고 있다. 따라서, 현재완료의 진행형 have(has) + been + '독서하다' 의 'ing' 로 나타낸다.
→ She has been reading for 2 hours.

03 | 당신은 2년 동안 영어를 배우고 있습니까?
현재완료 진행형의 의문문 Have(Has) + 주어 + been + '배우다' 의 'ing' 이다.
→ Have you been learning English for 2 years?

04 | 그녀는 2시간 동안 독서를 하고 있는 건가요?
현재완료 진행형의 의문문 Have(Has) + 주어 + been + '독서하다' 의 'ing' 이다.
→ Has she been reading for 2 hours?

KEY POINT

그러고 보니 현재완료의 진행형이 앞에서 공부한 '계속' 의 현재완료형의 해석과 거의 같은 것을 알 수 있다. 그렇다. 현재완료 진행형은, '계속' 의 의미를 갖는 현재완료형의 '동작'에 '진행'의 의미를 더 부가시켜주는 것이다.

- '계속'의 현재완료형 : I have learned English for 2 years.
- 현재완료의 진행형 : I have been learning English for 2 years.

영작하기

01. 그는 오늘 아침부터 계속 TV를 보고 있다.
    → _____

02. 그녀는 어제부터 계속 자고 있다.
    → _____

03. 그들은 3시간 동안 거기에 계속 서 있다.
    → _____

04. 나는 2년 동안 계속 저축을 하고 있다.
    → _____

05. 폴은 이 회사에서 5년 동안 계속 일하고 있다.
    → _____

06. 나의 어머니는 1시간 동안 계속 전화로 얘기하고 계신다.
    → _____

07. 그는 5시간 동안 계속 컴퓨터 게임을 하고 있다.
    → _____

08. 그는 오늘 아침부터 계속 TV를 보고 있는 건가요?

→ _____

09. 그녀는 어제부터 계속 잠을 자고 있는 건가요?

→ _____

10. 그들은 3시간 동안 거기에 계속 서 있는 건가요?

→ _____

└ **단어** | this morning 오늘 아침에 | watch 보다 | yesterday 어제 | sleep 자다 | stand 서다 | there 거기에 | hour 시간 | company 회사 | save 저축하다 | play (게임, 경기, 스포츠 등을) 하다

눈으로 확인하기

01. <u>He has been watching</u> TV since this morning.

현재완료 진행형 : 주어 + have(has) + been + 동사의 ing
→ 그는 (계속) 보고 있다 + 〈무엇을?〉 TV + (나머지) 오늘 아침부터

02. <u>She has been sleeping</u> since yesterday.

현재완료 진행형 : 주어 + have(has) + been + 동사의 ing
→ 그녀는 (계속) 자고 있다 + 〈무엇을?〉 X + (나머지) 어제부터

03. <u>They have been standing</u> there for 3 hours.

현재완료 진행형 : 주어 + have(has) + been + 동사의 ing
→ 그들은 (계속) 서 있다 + 〈무엇을?〉 X + (나머지) 3시간 동안

04. <u>I have been saving</u> for 2 years.

현재완료 진행형 : 주어 + have(has) + been + 동사의 ing
→ 나는 (계속) 저축하고 있다 + 〈무엇을?〉 X + (나머지) 2년 동안

05. Paul has been working in this company for 5 years.

현재완료 진행형 : 주어 + have(has) + been + 동사의 ing
→ 폴은 (계속) 일하고 있다 + 〈무엇을?〉 X + (나머지) 그 회사에서 5년 동안

06. My mother has been talking on the phone for an hour.

현재완료 진행형 : 주어 + have(has) + been + 동사의 ing
→ 나의 어머니는 (계속) 이야기하고 있다+〈무엇을?〉X+(나머지) 전화 상으로 1시간 동안

07. He has been playing computer games for 5 hours.

현재완료 진행형 : 주어 + have(has) + been + 동사의 ing
→ 그는 (계속) 하고 있다 + 〈무엇을?〉 컴퓨터 게임 + (나머지) 5시간 동안

08. Has he been watching TV since this morning?

현재완료 진행형의 의문문 : Have(Has) + 주어 + been + 동사의 ing
→ 그는 (계속) 보고 있는 건가요? + 〈무엇을?〉 TV + (나머지) 오늘 아침부터

09. Has she been sleeping since yesterday?

현재완료 진행형의 의문문 : Have(Has) + 주어 + been + 동사의 ing
→ 그녀는 (계속) 자고 있는 건가요? + 〈무엇을?〉 X + (나머지) 어제부터

10. Have they been standing there for 3 hours?

현재완료 진행형의 의문문 : Have(Has) + 주어 + been + 동사의 ing
→ 그들은 (계속) 서 있는 건가요? + 〈무엇을?〉 X + (나머지) 3시간 동안

Magic English Writing

동명사와 부정사로 영작하기

Chapter 1

컴퓨터 게임을 하는 것은 그의 취미이다
Playing computer games is his hobby.

우리말의 '~하는 것(하기)'에 해당하는 표현을 영어로 만들어보자. 먼저 우리말의 예로 '먹는 것(먹기)'이라는 말은 '먹다'라는 동사를 변형시켜서 만들었다. 영어에서도 마찬가지로 동사를 응용하여 만들면 되는데, 그 첫 번째 방법으로 '동사 + -ing형'이 있다.

- 일하다 → 일하는 것(일하기)
  work   working

- TV를 보다 → TV를 보는 것(TV를 보기)
  watch TV   watching TV

이와 같이 '~하다'라는 동사에 '-ing'가 붙어서 '~하는 것'이라는 명사가 되었기 때문에, 이를 동명사라고 부른다. 그럼 이러한 동명사가 문장에서 어떠한 역할을 하는지 살펴보자.

예문

01 | <u>TV를 보는 것은</u> 내 취미다. → <u>Watching TV</u> is my hobby.
      주어   주어

02 | 내 취미는 <u>TV를 보는 것이다</u>. → My hobby is <u>watching TV</u>.
              보어   보어

03 | 나는 TV 보는 것을 좋아한다. → I like watching TV.
　　　　　목적어　　　　　　　　　　　　　　목적어

위의 문장들에서 동명사는 명사와 마찬가지로 문장에서 주어, 보어, 목적어 역할을 한다는 것을 알 수 있다. 아울러 '~하는 것(~하기)'이라는 동명사는 항상 3인칭단수라는 것을 꼭 기억해두자.

이해를 돕는 문제

01. 컴퓨터게임을 하는 것은 그의 취미이다.
02. 그의 취미는 컴퓨터게임을 하는 것이다.
03. 그는 컴퓨터게임을 하는 것을 좋아한다.

　　　　└ 단어 | hobby 취미 | like 좋아하다 | play computer games 컴퓨터 게임을 하다

해설

01 | 컴퓨터게임을 하는 것은 그의 취미이다.
　　・ playing computer games + be동사 + 그의 취미
　　→ Playing computer games is his hobby.

02 | 그의 취미는 컴퓨터게임을 하는 것이다.
　　・ 그의 취미는 + be동사 + playing computer games
　　→ His hobby is playing computer games.

03 | 그는 컴퓨터게임을 하는 것을 좋아한다.
　　・ 그는 좋아한다 + 〈무엇을?〉 playing computer games
　　→ He likes playing computer games.

KEY POINT

'좋아하다, 먹는다, 잔다' 와 같이 '무엇을 하다' 의 동작(일반동사)을 표현하는 부분 대신, '~이다/입니다' 로 끝나는 문장은 'be동사' 가 오는 문장이다. be동사 다음에는 '명사' 와 '형용사' 가 올 수 있는데, 특히 be동사 다음에 오는 '명사' 를 '보어' 라고 한다. 이와 같이 '보어' 란 'be동사' 뒤에 위치하면서 주어와 동격을 이루는 말을 의미한다.

그중에서 '~이다/입니다' 라고 끝나는 문장은 'be동사' 다음에 '명사' 가 오게 된다. 이때의 '명사' 의 역할이 바로 '보어' 에 해당하는 것이며 '보어' 란 be동사 뒤에 위치하면서 주어와 동격을 이루는 말을 의미한다.

· 그는 학생이다. → He <u>is a student</u>.
                                    be동사 + 학생

be동사 다음에 오는 '학생' 이라는 명사가 주어인 '그' 와 동격을 이루기 때문에 보어이다.

영작하기

01. 소설을 읽는 것은 나의 취미이다.

   → _____

02. 저녁에 맥주를 마시는 것은 그의 즐거움이다.

   → _____

03. 유학 가는 것이 그녀의 꿈이다.

   → _____

04. 영어를 가르치는 것이 나의 직업이다.

　　→ _____

05. 나의 취미는 소설을 읽는 것이다.

　　→ _____

06. 그의 즐거움은 저녁에 맥주를 마시는 것이다.

　　→ _____

07. 그들의 꿈은 유학 가는 것이다.

　　→ _____

08. 나의 직업은 영어를 가르치는 것이다.

　　→ _____

09. 그녀는 소설을 읽는 것을 좋아한다.

　　→ _____

10. 그녀는 야구경기를 보는 것을 즐기지 않는다.

　　→ _____

11. 그는 저녁에 맥주를 마시는 것을 즐긴다.

　　→ _____

12. 나는 6시에 일하는 것을 끝마칩니다.

　　→ _____

13. 그는 3시까지 이 편지를 쓰는 것을 끝마쳐야 한다.

　　→ _____

14. 그들은 그와 이야기하는 것을 피한다.

　→ _____

15. 그는 담배 피우는 것을 그만둘 수 없다.

　→ _____

ㄴ. **단어** | **novel** 소설 | **hobby** 취미 | **in the evening** 저녁에 | **beer** 맥주 | **drink** 마시다 | **pleasure** 즐거움 | **abroad** 해외로(에) | **dream** 꿈 | **job** 직업 | **baseball game** 야구 게임 | **enjoy** 즐기다 | **work** 일하다 | **finish** 끝마치다 | **by** ~까지 | **talk** 이야기하다 | **avoid** 피하다 | **smoke** 담배 피우다 | **stop** 그만두다, 멈추다

Help

'유학 가다'라는 우리말을 영어로는 '해외에서 공부하다'라는 식으로 표현한다. 따라서 '공부하다'와 '해외에서'라는 말을 합쳐 study abroad라고 하면 된다.

눈으로 확인하기

01. <u>Reading a novel</u> is my hobby.
　　소설을 읽는 것 (주어)

02. <u>Drinking beer in the evening</u> is his pleasure.
　　저녁에 맥주를 마시는 것 (주어)

03. <u>Studying abroad</u> is her dream.
　　유학 가는 것 (주어)

04. <u>Teaching English</u> is my job.
　　영어를 가르치는 것 (주어)

05. My hobby is <u>reading a novel</u>.
 소설을 읽는 것 (보어)

06. His pleasure is <u>drinking beer in the evening</u>.
 저녁에 맥주를 마시는 것 (보어)

07. Their dream is <u>studying abroad</u>.
 유학 가는 것 (보어)

08. My job is <u>teaching English</u>.
 영어를 가르치는 것 (보어)

09. She likes <u>reading a novel</u>.
 소설을 읽는 것 (목적어)

10. She doesn't enjoy <u>watching baseball games</u>.
 야구경기를 보는 것 (목적어)

11. He enjoys <u>drinking beer in the evening</u>.
 저녁에 맥주를 마시는 것 (목적어)

12. I finish <u>working</u> at six.
 일하는 것 (목적어)

13. He must finish <u>writing this letter</u> by three.
 이 편지를 쓰는 것 (목적어)

14. They avoid <u>talking with him</u>.
 그와 이야기하는 것 (목적어)

15. He cannot stop <u>smoking</u>.
 담배 피우는 것 (목적어)

Chapter 2

그녀는 해외에서 일하는 것을 그만두었다
She stopped working abroad.

우리말의 '~하는 것' 또는 '~하기'를 영어로 표현하기 위해서는 두 가지 방법이 있다. 그 첫 번째 방법이 앞에서 공부한 '동사 + -ing형'이고, 두 번째 방법은 동사원형 앞에 'to'를 넣는 것이다. 그럼 이번에는 두 번째 방법 'to+동사원형'으로 '~하는 것'을 만드는 연습을 해보자.

· 일하다 → 일하는 것(일하기)
  work   to work

· 외국인들과 일하다 → 외국인들과 일하는 것(외국인들과 일하기)
  work with foreigners   to work with foreigners

문법에서는 to 다음에 동사원형이 오는 형태를 부정사라고 부른다. 이러한 부정사는 여러 가지 쓰임이 있기 때문에 문장에서 아주 유용하고 다양하게 활용되고 있다.

그 여러 쓰임 중의 하나가 '~하기'로 해석되는 것이다. 문장에서의 역할(주어, 보어, 목적어)은 동명사와 동일하다. 따라서, 문장에서 '~하기'로 쓰이는 동명사를 'to+동사원형'으로 바꿀 수 있는 것이다.

예문

01 | <u>Watching TV</u> is my hobby.
주어(= To watch TV)

02 | My hobby is <u>watching TV</u>.
보어(= to watch TV)

03 | I like <u>watching TV</u>.
목적어(= to watch TV)

여기서 주의할 점은 동명사와 부정사가 목적어 역할을 할 때이다. 왜냐하면, 동사에 따라서 동명사와 부정사의 사용을 구분해야 하기 때문이다. 즉 동명사만을 목적어로 취하는 동사, 부정사만을 목적어로 취하는 동사 그리고 그 둘 다를 모두 취할 수 있는 동사들로 나뉘어져 있는 것이다.

동명사만 목적어로 취하는 동사들	enjoy(즐기다), finish(끝내다), avoid(피하다), stop(그만두다, 끊다), quit(그만두다), mind(꺼리다) 등
부정사만 목적어로 취하는 동사들	want(원하다), wish(바라다), hope(희망하다), decide(결정하다), refuse(거절하다), learn(배우다) 등
둘 다 목적어로 취할 수 있는 동사들	like(좋아하다), hate(싫어하다), begin(시작하다), start(시작하다) 등

이해를 돕는 문제

01. She wants _____ abroad.
그녀는 해외에서 일하는 것을 원한다.

02. She stopped _____ abroad.
그녀는 해외에서 일하는 것을 그만두었다.

03. She likes _____ abroad.
그녀는 해외에서 일하는 것을 좋아한다.

└ **단어** | **want** 원하다, 바라다 | **stop** 그만두다, 끊다 | **like** 좋아하다 | **abroad** 해외로(에서)

해설

01 | She wants to work abroad.
　· want는 부정사만 목적어로 취하는 동사이다. 따라서, 목적어 '일하기'는 to work가 되어야 한다.

02 | She stopped working abroad.
　· stop은 동명사만 목적어로 취하는 동사이다. 따라서 목적어 '일하기'는 동사의 ~ing형을 써서 working으로 해야 한다.

03 | She likes to work abroad.
　　= She likes working abroad.
　· like는 동명사와 부정사를 둘 다 취할 수 있기 때문에 목적어 '일하기'는 working 또는 to work 둘 다 가능하다.

영작하기

01. 그녀의 희망은 해외에서 일하는 것이다.
→ _____

02. 그의 즐거움은 여행하는 것이다.
→ _____

03. 그의 바람은 외국인들과 함께 일하는 것이다.
→ _____

04. 해외에서 일하는 것은 그녀의 희망이다.
→ _____

05. 여행하는 것은 그의 즐거움이다.
→ _____

06. 외국인들과 함께 일하는 것은 그의 바람이다.
→ _____

07. 나는 직업을 구하기를 원한다.
→ _____

08. 그는 그 회의에 참석하기를 결정했다.
→ _____

09. 그녀는 그를 돕는 것을 거절했다.
→ _____

10. 당신은 그들을 그 파티에 초대하기를 원합니까?
→ _____

11. 나는 9시에 일하는 것을 시작한다.
→ _____

12. 그녀는 6시에 일하는 것을 마친다.
→ _____

13. 우리는 성공하는 것을 희망한다.

    → _____

14. 나는 수영하는 것을 배울 것이다.

    → _____

15. 그녀는 언제 중국어 공부하는 것을 시작했나요?

    → _____

ㄴ. 단어 | hope 희망, 희망하다 | delight(pleasure) 즐거움 | travel 여행하다 | wish 바라다 | foreigner 외국인 | get a job 직업을 구하다, 직장을 얻다 | want 원하다 | attend 참석하다 | decide 결정하다 | invite 초대하다 | begin/start 시작하다 | finish 마치다 | succeed 성공하다 | swim 수영하다 | learn 배우다 | Chinese 중국어

Help

'~하기'가 문장에서 주어와 보어 역할을 할 때에는 부정사(to+동사원형)와 동명사(동사의 -ing) 중 어느 하나만 써도 괜찮다. 하지만 '~하기'가 문장에서 목적어 역할을 하는 경우에는 문장의 동사가 무엇이냐에 따라 부정사와 동명사를 잘 구분해서 사용해야 한다.

눈으로 확인하기

01. Her hope is <u>to work abroad</u>.
    = working abroad 해외에서 일하는 것

02. His delight is <u>to travel</u>.
    = traveling 여행하는 것

03. His wish is <u>to work with foreigners</u>.
    = working with foreigners 외국인들과 일하는 것

04. <u>To work abroad</u> is her hope.
     = Working abroad 해외에서 일하는 것

05. <u>To travel</u> is his delight.
     = Traveling 여행하는 것

06. <u>To work with foreigners</u> is his wish.
     = Working with foreigners 외국인들과 일하는 것

07. I <u>want to get</u> a job.
     want + 부정사

08. He <u>decided to attend</u> the meeting.
     decide + 부정사

09. She <u>refused to help</u> him.
     refuse + 부정사

10. Do you <u>want to invite</u> them to the party?
     want + 부정사

11. I <u>start to work</u> at 9.
     start + 부정사

    = I <u>start working</u> at 9.
     start + 동명사

12. She <u>finishes working</u> at 6.
     finish + 동명사

13. We <u>hope to succeed</u>.
    hope + 부정사

14. I will(/am going to) <u>learn to swim</u>.
    learn + 부정사

15. When did she <u>begin to study</u> Chinese?
    begin + 부정사

  = When did she <u>begin studying</u> Chinese?
    begin + 동명사

Chapter 3

이메일을 보내는 것은 그녀에게 어렵다
It is difficult for her to send e-mails.

'~하기'로 해석되는 'to+동사원형'은 문장에서 주어, 보어 그리고 목적어 역할을 하였다. 그럼 이번에는 그중에서 주어 역할을 하는 'to+동사원형'의 문장들을 다시 한 번 살펴보자.

· <u>To use computers</u> is difficult. <u>컴퓨터를 사용하는 것은</u> 어렵다.

영어는 문장의 균형을 중시하는 언어이다. 즉 문장의 맨 앞에 오는 주어가 길어져버리면 문장의 균형이 깨져서 어색하기 때문에 'to+동사원형'으로 시작하는 긴 주어를 맨 뒤로 빼고 대신 그 자리에 'It'이라는 가짜 주어를 내세워서 문장의 균형을 맞춘다. 이때의 가짜 주어 It은 주어의 자리만 채우는 역할을 할 뿐 아무런 뜻이 없다.

· <u>It</u> is difficult <u>to use computers</u>. 컴퓨터를 사용하는 것은 어렵다.
   가짜주어   진짜주어

그럼 컴퓨터를 사용하는 것이 '누구한테' 어려운 것인지를 표현하고 싶을 때에는 어떻게 할까? 그럴 경우에는 'for+사람(목적격)'을 부정사 앞에 가져오면 된다.

· It is difficult for me to use computers. 컴퓨터를 사용하는 것은 나한테 어렵다.

'to+동사원형'의 긴 주어를 It으로 바꾸는 방법

~하는 것은 (형용사)이다	It is/was + 형용사 + (to+동사원형)
~하는 것은 (사람/사물)한테 (형용사)이다	It is/was + 형용사 + (for+사람/사물) + (to+동사원형)

① (to+동사원형)의 긴 주어를 맨 뒤로 빼고, 대신 그 자리에 It을 놓는다.
② '~한테/에게/~로서는' 과 같은 대상이 있으면 (for+사람/사물)의 형태로
   진짜 주어인 'to+동사원형' 앞에 위치시킨다.

이해를 돕는 문제

01. ___ is necessary _____. 영어를 배우는 것은 필요하다.
02. ___ is easy _____. 이메일을 보내는 것은 쉽다.
03. 영어를 배우는 것이 그에게는 필요하다.
04. 이메일을 보내는 것은 그녀에겐 어렵다.

ㄴ. 단어 | necessary 필요한 | easy 쉬운 | difficult 어려운

해설

01 | 영어를 배우는 것은   필요하다.
· 배우는 것 + 〈무엇을?〉 영어   be동사 + 필요한
→ **To learn English** is necessary.
→ **It**   is necessary to learn English.

02 | 이메일을 보내는 것은   쉽다.
· 보내는 것 + 〈무엇을?〉 이메일   be동사 + 쉬운
→ **To send e-mails** is easy.
→ **It**   is easy to send e-mails.

03 | 영어를 배우는 것이 필요하다   + 그에게는

· It is necessary to learn English   for him
_{to+동사원형 앞에 위치}

→ It is necessary for him to learn English.

04 | 이메일을 보내는 것은 어렵다   + 그녀에겐

· It is difficult to send e-mails   for her(to부정사 앞에 위치)

→ It is difficult for her to send e-mails.

영작하기

01. 거기에 가는 것은 필요하다.

　→ _____

02. 거기에 가는 것이 너한테는 필요하다.

　→ _____

03. 외국인과 함께 일하는 것은 어렵다.

　→ _____

04. 나는 외국인과 함께 일하는 것이 어렵다.

　→ _____

05. 너무 많이 먹는 것은 나쁘다.

　→ _____

06. 너무 많이 먹는 것은 당신의 건강에 나쁘다.

　→ _____

07. 혼자 거기에 가는 것은 위험하다.

　　→ _____

08. 그녀가 혼자 거기에 가는 것은 위험하다.

　　→ _____

09. 그와 언쟁하는 것은 소용없다.

　　→ _____

10. 우리가 그와 언쟁하는 것은 소용없다.

　　→ _____

11. 대학에 가는 것은 불가능하다.

　　→ _____

12. 폴이 대학에 가는 것은 불가능하다.

　　→ _____

13. 많은 물을 마시는 것이 중요하다.

　　→ _____

14. 많은 물을 마시는 것이 그들에게 중요하다.

　　→ _____

15. 나는 이 사전을 사용하는 것이 편리하다.

　　→ _____

단어 | **necessary** 필요한 | **there** 거기에 | **foreigner** 외국인 | **difficult/hard** 어려운 | **too much** 너무 많이 | **bad** 나쁜 | **health** 건강 | **alone** 혼자(서) | **dangerous** 위험한 | **argue** 언쟁하다 | **useless** 소용없는 | **college** 대학 | **go to college** 대학에 가다 | **impossible** 불가능한 | **important** 중요

한 | a lot of 많은 | dictionary 사전 | use 사용하다 | convenient 편리한

Help

우리는 흔히 '나는 외국인과 함께 일하는 것이 어렵다' 라고 말을 하기도 한다. 하지만 이 말은 원래 '외국인과 함께 일하는 것이 나한테는 어렵다' 라는 문장이다. 영작을 할 때에는 [for＋사람/사물]은 '～한테는/에게는/로서는' 과 같이 표현하도록 하자.

· It is difficult for me to go there. 거기에 가는 것이 나로선 어렵다.

눈으로 확인하기

01. It is necessary to go there.
     필요하다   거기에 가는 것이

02. It is necessary for you to go there.
     필요하다   너에겐   거기에 가는 것이

03. It is difficult to work with foreigners.
     어렵다   외국인과 함께 일하는 것이

04. It is difficult for me to work with foreigners.
     어렵다   나한테는   외국인과 함께 일하는 것이

05. It is bad to eat too much.
     나쁘다   너무 많이 먹는 것은

06. It is bad for your health to eat too much.
     나쁘다   당신 건강에   너무 많이 먹는 것은

07. It is dangerous to go there alone.
　　　위험하다　　　　혼자 거기 가는 것은

08. It is dangerous for her to go there alone.
　　　위험하다　　　　그녀에게는　혼자 거기 가는 것이

09. It is useless to argue with him.
　　　소용없다　　　그와 언쟁하는 것은

10. It is useless for us to argue with him.
　　　소용없다　우리에겐　그와 언쟁하는 것은

11. It is impossible to go to college.
　　　불가능하다　　　대학에 가는 것이

12. It is impossible for Paul to go to college.
　　　불가능하다　　폴한테는　　대학에 가는 것이

13. It is important to drink a lot of water.
　　　중요하다　　　많은 물을 마시는 것이

14. It is important for them to drink a lot of water.
　　　중요하다　　그들에게는　　많은 물을 마시는 것이

15. It is convenient for me to use this dictionary.
　　　편리하다　　나에게는　　이 사전을 사용하는 것이

Chapter 4

우린 마실 물을 원한다
We want water to drink.

부정사(to+동사원형)는 앞에서 공부한 '~하기'와 같은 명사적 의미 외에도 '~하는/~할'과 같은 형용사적 의미로도 사용된다.

- 읽다 → 읽을
  read   to read
- 마시다 → 마실
  drink   to drink

본래 형용사란 명사를 수식해주는 말로서 그 위치는 명사 앞이다. 하지만 '~하는/~할'의 뜻으로 형용사 역할을 하는 'to+동사원형'은 명사의 뒤에 위치한다. 이 점에만 유의하면, 형용사의 역할을 하는 부정사는 별로 어려울 것이 없다.

그럼 먼저 '좋은 책들'이라는 말을 영어로 만들어 보자. '좋은'이라는 뜻의 형용사 good을 사용해서, 우리말과 같은 어순으로 '좋은+책들'의 순서로 good books라고 하면 된다.

- 좋은 책들 → good books
              형용사

이번에는 '읽을 책들'이라는 말을 영어로 해보자. 뜯어보면, '읽을'이라는 말이 '책들'을 꾸며주고 있다. 하지만 영어에서는 '읽을'이라는 형용사는 존재하지 않는다. 따라서 '읽다' 라는 동사를 '읽을' 로 변형시켜야 하는데, 이때 바로 부정사(to+동사원형)가 사용되는 것이다. 그래서 read읽다가 to read읽을로 되고, 그 위치는 명사의 뒤이기 때문에, '책들+읽을' 의 순서가 되어 'books to read' 가 되는 것이다.

· 읽을 책들 → books <u>to read</u>
　　　　　　　　　　　형용사

이해를 돕는 문제

01. 마실 물
02. (뭔가) 먹을 것
03. (뭔가) 할 것
04. 그 집을 살 돈

┗ 단어 | water 물 | eat 먹다 | something 무언가 | buy 사다

해설

01 | 마실 물

　· 영어식 어순 : 물 + 마실
　　　　　　　　(마시다: drink → 마실: to drink)

→ water to drink

02 | (뭔가) 먹을 것

　· 영어식 어순 : 무언가 + 먹을
　　　　　　　　(먹다: eat → 먹을: to eat)

→ something to eat

03 | (뭔가) 할 것

- 영어식 어순 : 무언가 + 할
  (하다 : do → 할 : to do)

→ something to do

04 | 그 집을 살 돈

- 영어식 어순 : 돈 + 그 집을 살
  (사다 : buy → 살 : to buy + 〈무엇을?〉 그 집 : the house)

→ money to buy the house

KEY POINT

something은 '무언가'라는 뜻을 가진 명사이다. '마실 무언가, 할 무언가'를 자연스럽게 말하면 '뭔가 마실 것, 뭔가 할 것'이 되기 때문에 '뭔가 ~할 것'이라고 해석되는 말에는 이와 같이 something을 사용한다.

영작하기

01. 그녀는 점심을 먹을 시간이 없다.

   → _____

02. 그들은 그 집을 살 돈이 없었다.

   → _____

03. 그는 신문을 읽을 시간이 없다.

   → _____

04. 그녀는 그 일을 할 능력이 있다.
→ _____

05. 그것이 영어를 배우는 최선의 방법이다.
→ _____

06. 나는 뭔가 먹을 것을 원합니다.
→ _____

07. 당신은 뭔가 마실 것을 원합니까?
→ _____

08. 그는 뭔가 마실 것을 가져올 것이다.
→ _____

09. 당신은 뭔가 먹을 것을 가져올 수 있나요?
→ _____

10. 당신은 벌써 뭔가 마실 것을 주문했나요?
→ _____

11. 나는 당신에게 뭔가 말할 게 있어요.
→ _____

12. 그는 나에게 뭔가 말할 게 있나요?
→ _____

13. 나는 나를 도와줄 누군가를 원한다.
→ _____

14. 당신은 오늘 오후에 뭔가 할 게 있나요?
→ _____

15. 나는 오늘 오후에 할 게 아무것도 없다.
→ _____

ㄴ. **단어** | lunch 점심 | eat/have 먹다 | have 가지다 | buy 사다 | time 시간 | read the newspaper 신문을 읽다 | ability 능력 | work 일 | the best 최선 | way 방법 | learn 배우다 | want 원하다 | something/anything 무언가 | bring 가져오다 | yet 벌써 | order 주문하다 | tell ~에게 말하다 | help 도와주다 | someone 누군가 | this afternoon 오늘 오후에

Help

01 | something은 의문문에서 사용할 때도 있긴 하지만 보통 긍정문에서 사용하고, 부정문이나 의문문에서는 anything을 사용한다고 기억해두자. 그리고 nothing은 명사로 '아무것도 없음'을 뜻한다.

02 | 영어로 '그녀는 ~가 있다/없다' 라고 말할 때에는 동사 have를 써서 '그녀는 ~을 가지고 있다/가지고 있지 않다' 라고 하는 것이 영어식 사고방식이다.
· She has time ~ 그녀는 ~시간이 있다.
· She doesn't have time ~ 그녀는 ~시간이 없다.

03 | '~할 시간이 없다' 라고 할 때에는 위와 같이 문장을 not으로 부정해도 되지만 She has no time~과 같이 '시간' 앞에 no만 가져와도 된다.
· She has no time. 그녀는 시간이 없다.
· She has no money. 그녀는 돈이 없다.

눈으로 확인하기

01. She doesn't have <u>time to eat(have) lunch</u>.
    =She has no <u>time to eat lunch</u>.
    시간+점심을 먹을

02. They didn't have <u>money to buy the house</u>.
    =They have no <u>money to buy the house</u>.
    돈+그 집을 살

03. He doesn't have <u>time to read the newspaper</u>.
    =He has no <u>time to read the newspaper</u>.
    시간+신문을 읽을

04. She has <u>the ability to do the work</u>.
    능력+그 일을 할

05. It is the best <u>way to learn English</u>.
    방법+영어를 배우는

06. I want <u>something to eat</u>.
    무언가+먹을

07. Do you want <u>anything to drink</u>?
    무언가+마실

08. He will bring <u>something to drink</u>.
    =He is going to bring <u>something to drink</u>.
    무언가+마실

09. Can you bring <u>anything to eat</u>?
    무언가+먹을

10. Have you ordered <u>something to drink</u> yet?
    무언가+마실

11. I have <u>something to tell</u> you.
    무언가+당신에게 말할

12. Does he have <u>anything to tell me</u>?
    무언가+나에게 말할

13. I want <u>someone to help me</u>.
    누군가+나를 도와줄

14. Do you have <u>anything to do</u> this afternoon?
    무언가+할

15. I don't have <u>anything to do</u> this afternoon.
    =I have <u>nothing to do</u> this afternoon.

Chapter 5

그는 경제학을 공부하기 위해 해외로 갔다
He went abroad to study economics.

    영어로 '~하기 위해서' 라는 목적을 표현할 때 바로 부정사(to+동사원형)를 사용한다. 이렇게 목적을 표현하는 부정사는 문장 중에서는 엑스트라의 역할을 한다. 즉 나머지 부분에 속하는 말이기 때문에 우리말의 순서와는 달리 문장의 맨 끝에 위치한다.

    예를 들어 '그는 점심을 먹으러 식당에 갔습니다' 라는 문장을 살펴보자. 문장에서 가장 중요한 '그는 갔습니다' 가 제일 먼저 나오고 나면 어디로 갔는지를 말해야 한다. 그래서 '그는 갔습니다, 식당으로' 라는 완전한 문장이 완성된다. 그러고 나면 '점심을 먹기 위해서' 라는 말을 그 뒤에 붙이게 되는 것이다.

· 그는 점심을 먹기 위해서 식당에 갔습니다.
   〔가장 중요한 말〕 → He went to a restaurant
   〔나머지 말〕 → to eat lunch
   → **He went to a restanrant to eat lunch.**

이해를 돕는 문제

01. 공부하기 위해서
02. 경제학을 공부하기 위해서
03. 그는 경제학을 공부하기 위해서 해외로 갔다.

ㄴ. 단어 | **study** 공부하다 | **economics** 경제학 | **abroad** 해외로 | **went** 갔다

해설

01 | 공부하기 위해서 → to + '공부하다'의 동사원형
　　　　to study

02 | 공부하기 위해서 + 〈무엇을?〉 경제학
　　　　to study　　　　　　　　economics

03 | 그는 갔다 + (나머지) 해외로 / 경제학을 공부하기 위해서
　　　　He went　　　　　　abroad　　to study economics.

KEY POINT

Ⓐ : '~하기 위해서'의 [to+동사원형]은 [in order to+동사원형]과도 바꿔쓸 수 있다.

　　to go there = in order to go there (거기에 가기 위해서)

또한 부정사(to+동사원형)는 '~해서/~하니까' 라는 원인이나 이유를 나타내기도 한다. 주로 기쁜, 슬픈, 유감스러운 등과 같은 감정의 이유를 표현하는 경우가 많다.

Ⓑ : '기쁜', '행복한' 과 같은 말들은 뒤에 있는 명사를 꾸며주는 형용사들이다. 하지만, 형용사 '기쁜', '행복한' 이 '기쁘다', '행복하다' 와 같이 우리말의 '~다' 로 끝나려면 알맞은 'be동사(am, is, are)' 와 합쳐져야 한다.

기쁜 : glad → 기쁘다 : be glad
행복한 : happy → 행복하다 : be happy

영작하기

01. 우리는 살기 위해 먹는다.
    → _____

02. 그는 그 시험을 합격하기 위해서 열심히 공부해야 한다.
    → _____

03. 나는 (그) 교수님을 뵈러 여기에 왔습니다.
    → _____

04. 그는 영어를 배우기 위해 미국에 갈 예정이다.
    → _____

05. 그는 취직을 하기 위해서 영어를 공부했다.
    → _____

06. 그들은 첫 번째 지하철을 놓치지 않기 위해서 일찍 일어났다.
    → _____

07. 그녀는 시간을 보내기 위해 그 서점에 갔다.
    → _____

08. 우리는 점심을 먹기 위해 멈췄다.
    → _____

09. 감기에 걸리지 않도록 조심해라.

→ _____

10. 그는 버스요금을 절약하기 위해 집에 걸어갔다.

→ _____

11. 나는 그것을 들어서 유감이다.

→ _____

12. 내가 당신을 방해해서 미안합니다.

→ _____

13. 그녀는 생일 선물을 받아서 아주 행복했다.

→ _____

14. 그는 그것을 듣고 실망했다.

→ _____

15. 제가 당신에게 폐를 끼쳐서 죄송합니다.

→ _____

ㄴ. **단어** | **live** 살다 | **eat** 먹다 | **pass** 합격하다, 통과하다 | **hard** 열심히 | **professor** 교수 | **here** 여기에 | **see** 보다(만나다) | **get a job** 취직하다 | **miss** 놓치다 | **the first** 첫 번째의 | **subway** 지하철 | **get up** 일어나다 | **early** 일찍 | **kill time** 시간을 보내다 | **bookstore** 서점 | **stop** 멈추다 | **cold** 감기 | **catch a cold** 감기에 걸리다 | **take care** 조심하다 | **bus fare** 버스 요금 | **save** 절약하다, 저축하다 | **home** 집에, 집으로 | **walk** 걷다 | **sorry** 미안한, 유감인 | **hear** 듣다 | **interrupt** 방해하다 | **present** 선물 | **disappointed** 실망한 | **trouble** ~에게 폐를 끼치다

Help

01 | '~하기 위해서'를 부정하여 '~하지 않기 위해서/~하지 않도록' 이라고 할 때에는 'to＋동사원형' 앞에 부정어 not을 가져와서 'not to ＋동사원형' 이라고 하면 된다.
not to go there = in order not to go there 거기에 가지 않기 위해서

02 | '~해라' 라는 명령문은 주어를 없애고 바로 동사원형을 문장 맨 앞에 위치시키면 된다.
그를 만나라. → Meet him.

03 | '감기' 는 영어로 cold이고, '감기에 걸리다' 는 catch붙잡다라는 동사를 써서 catch a cold감기를 붙잡다라고 한다. 숙어로 외워두도록 하자.

눈으로 확인하기

01. We eat <u>to live</u>.
　　　　　살기 위해서 (목적)

02. He must study hard <u>to pass</u> the exam.
　　　　　　　　　　　　통과하기 위해서 (목적)

03. I came here <u>to see</u> the professor.
　　　　　　　　보기 위해서 (목적)

04. He is going to go to America <u>to learn</u> English.
　　　　　　　　　　　　　　　　　배우기 위해서 (목적)

05. He studied English <u>to get</u> a job.
    얻기 위해서 (목적)

06. They got up early <u>not to miss</u> the first subway.
    놓치지 않기 위해서 (목적)

07. She went to the bookstore <u>to kill</u> time.
    보내기(죽이기) 위해서 (목적)

08. We stopped <u>to have</u> lunch.
    먹기 위해서 (목적)

09. Take care <u>not to catch</u> a cold.
    걸리지 않기 위해서 (목적)

10. He walked home <u>to save</u> the bus fare.
    절약(저축)하기 위해서 (목적)

11. I am sorry <u>to hear</u> that.
    들어서 (이유)

12. I am sorry <u>to interrupt</u> you.
    방해해서 (이유)

13. She was very happy <u>to get</u> the birthday present.
    받아서 (이유)

14. He was disappointed <u>to hear</u> that.
    들어서 (이유)

15. I am sorry <u>to trouble</u> you.
    폐를 끼쳐서 (이유)

Chapter 6

그녀는 내가 대학에 가기를 원한다
She wants me to go to college.

'묻다', '부탁하다' 라는 뜻의 ask와 '말하다' 라는 뜻의 tell은 다 같이 뒤에 〈누구에게?〉라는 첫 번째 질문과 〈무엇을?〉이라는 두 번째 질문이 차례로 생길 수 있는 동사라는 것을 앞에서 공부한 적이 있다.

01 | 그는 나에게 길을 물었다.

· 그는 물었다 + 〈누구에게?〉 나에게 + 〈무엇을?〉 길
  He asked   me   the way

→ He asked me the way.

02 | 그는 나에게 그 이야기를 말하였다.

· 그는 말했다 + 〈누구에게?〉 나에게 + 〈무엇을?〉 그 이야기
  He told   me   the story

→ He told me the story.

그런데 만약 두 번째 질문 〈무엇을?〉의 답이 '길' 이나 '그 이야기' 와 같이 단답형의 단어가 아니라 '~하기' 가 된다면 어떻게 할까? '~하기' 는 동명사 또는 부정사로 만들 수 있는데, 여기서는 반드시 부정사(to+동사원형)로만 나타내야 한다. 우리말 해석으로는 '하기' 보다 '~해달라고/~하라고' 가 더 자연스러울 수도 있다.

· He asked me to go there.
  그는 나에게 거기에 가기를(가달라고) 부탁했다.

· He told me to go there.
  그는 나에게 거기에 가기를(가라고) 말했다.

이해를 돕는 문제

01. She asked ___ _____.
    그녀는 그에게 그녀의 컴퓨터를 고쳐달라고 부탁했다.

02. She told ___ _____.
    그녀는 나에게 뭔가 마실 것을 가져오라고 말했다.

03. She wants ___ _____.
    그녀는 나에게 대학에 갈 것을 원한다.

ㄴ. 단어 | fix 고치다 | bring 가져오다 | something 무언가 | drink 마시다 | go to college 대학에 가다

해설

01 | She asked 그녀는 부탁했다

· 〈질문1 : 누구에게?〉 (답) 그에게
                              him

· 〈질문2 : 무엇을?〉 (답) 그녀의 컴퓨터를 고쳐달라고
                      고쳐달라고 +〈무엇을?〉 그녀의 컴퓨터를
                      to fix   her computer

→ She asked him to fix her computer.

02 | She told 그녀는 말했다

· 〈질문1 : 누구에게?〉 (답) 나에게
　　　　　　　　　　　　　　me

· 〈질문2 : 무엇을?〉 (답) 뭔가 마실 것을 가져오라고
　　　　　　　　　　　가져오라고 + 〈무엇을?〉 뭔가 마실 것
　　　　　　　　　　　to bring　　　　　　　something to drink

→ She told me to bring something to drink.

03 | She wants 그녀는 원한다

· 〈질문1 : 누구에게?〉 (답) 나에게 → me
· 〈질문2 : 무엇을?〉 (답) 대학에 갈 것 → to go to college

→ She wants me to go to college.

KEY POINT

　조금 성격이 다르기는 하지만 '원하다' 라는 뜻의 want라는 동사 뒤에 〈누구에게?〉라는 첫 번째 질문이 생긴다면, 뒤따라 생기는 〈무엇을?〉이라는 질문의 답은 단답형의 단어가 아니라 항상 'to+동사원형' 이어야 한다. 따라서 '나는 그에게 원한다 거기에 가기를' 이라는 문장은 I want him to go there가 되는 것이다. 우리말의 해석상 '나는 그가 거기에 갈 것을 원한다' 가 더 자연스럽다. 그러고 보면 문장의 주어가 2개인 것 같이 보이지만, '원하는' 사람이 '나' 이기 때문에 '나' 가 주어인 것이며, '그' 는 want의 (간접) 목적어인 것이다.

영작하기

01. 나는 그녀에게 내 사무실로 와달라고 부탁했다.
   → _____

02. 그는 그들에게 샘플을 보내달라고 부탁했다.
   → _____

03. 그들은 나에게 내일까지 그 보고서를 끝내달라고 부탁했다.
   → _____

04. 그녀는 나에게 그 일을 그만두지 말라고 부탁했다.
   → _____

05. 그는 매일 그의 비서에게 그의 스케줄을 체크해달라고 부탁한다.
   → _____

06. 그는 그녀에게 6시에 만나자고 말했다.
   → _____

07. 나는 그들에게 뭔가 읽을 것을 가져오라고 말할 것이다.
   → _____

08. 그녀는 그에게 사무실 안에서 담배를 피우지 말라고 말했다.
   → _____

09. 그는 우리에게 열심히 일하라고 말하지 않는다.
   → _____

10. 당신은 당신의 (남)동생에게 취직하라고 말했나요?

    → _____

11. 그는 그의 사장님이 월급을 올려줄 것을 원한다.

    → _____

12. 그는 내가 그와 함께 가기를 원하지 않는다.

    → _____

13. 엄마는 내가 살을 빼기를 원한다.

    → _____

14. 나는 아버지가 담배를 끊는 것을 원한다.

    → _____

15. 당신은 내가 무엇을 하기를 원하나요?

    → _____

ㄴ, 단어 | **send** 보내다 | **report** 보고서 | **finish** 끝내다 | **by~** ~까지 | **quit** 그만두다 | **job** 일, 직업 | **every day** 매일 | **secretary** 비서 | **check** 체크하다 | **meet** 만나다 | **bring** 가져오다 | **something** 무언가 | **smoke** 담배 피우다 | **hard** 열심히 | **brother** 남자형제 | **get a job** 취직하다 | **raise** 올리다 | **salary** 월급 | **lose weight** 살을 빼다 | **stop** 멈추다, 빼다

Help

01 | '~하기를/~하라고' 라고 할 때에는 'to+동사원형' 으로 하지만 '~하지 않기를' 또는 '~하지 않는 것을' 이라고 부정할 때에는 not을 to 앞에 두어서 'not to+동사원형' 으로 만들면 된다.

02 | '담배를 끊다' 라는 표현은 영어로 '담배 피우는 것을 그만두다' 라고

해야 한다. '그만두다' 라는 동사 stop 다음에 '~하는 것을' 이 오면 반드시 동명사로만 나타내야 한다.

눈으로 확인하기

01. I <u>asked her to come</u> to my office.
    ask + ~에게 + (to + 동사원형)

02. He <u>asked them to send</u> the sample.
    ask + ~에게 + (to + 동사원형)

03. They <u>asked me to finish</u> the report by tomorrow.
    ask + ~에게 + (to + 동사원형)

04. She <u>asked me not to quit</u> the job.
    ask + ~에게 + (not to + 동사원형)

05. He <u>asks his secretary to check</u> his schedule every day.
    ask + ~에게 + (to + 동사원형)

06. He <u>told her to meet</u> at six.
    tell + ~에게 + (to + 동사원형)

07. I will <u>tell them to bring</u> something to read.
    tell + ~에게 + (to + 동사원형)

08. She <u>told him not to smoke</u> in the office.
    tell + ~에게 + (to + 동사원형)

09. He doesn't <u>tell us to work</u> hard.
    tell + ~에게 + (to + 동사원형)

10. Did you <u>tell your brother to get</u> a job?
    tell + ~에게 + (to+동사원형)

11. He <u>wants his boss to raise</u> his salary.
    want + ~에게 + (to+동사원형)

12. He doesn't <u>want me to go</u> with him.
    want + ~에게 + (to+동사원형)

13. My mother <u>wants me to lose</u> weight.
    want + ~에게 + (to+동사원형)

14. I <u>want my father to stop</u> smoking.
    want + ~에게 + (to+동사원형)

15. What do you <u>want me to do</u>?
    want + ~에게 + (to+동사원형)

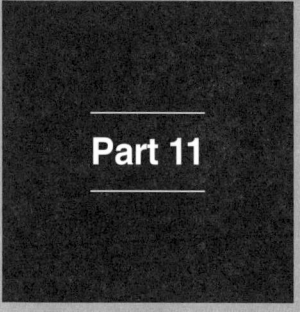

Magic English Writing

명사절로 영작하기

Chapter 1

나는 내일 비가 올지 안 올지 모른다

I don't know whether it will rain tomorrow.

앞에서 'to+동사원형'이 '~하기'라는 명사의 뜻으로 사용되는 것을 공부한 적이 있다. 그렇다면 이번에는 주어와 동사를 다 포함시켜서 '~가 ~하는 것'이라는 뜻의 명사로 사용되는 문장을 만들 차례이다.

참고로 문법에서는 주어와 동사가 포함된 하나의 문장을 '절'이라고 하는데, 이러한 절이 문장에서 명사의 역할을 한다고 하여 명사절이라고 한다. 그럼 우선 명사절을 만드는 방법부터 공부해보자.

'~것'으로 해석되는 명사절 만들기

아주 간단하다. 주어와 동사로 시작하는 문장 앞에 that을 놓으면 된다.
- 그가 여기에 왔다는 것
  → that + 그가 여기에 왔다
  → that　he came here

'~인지 (아닌지)'라고 해석되는 명사절 만들기

위에서 사용된 that 대신에 if 또는 whether를 쓰면 된다. whether를 쓸 경우에는 맨 끝에 or not(아닌지)을 붙일 수도 있으나, if에는 붙이지 않는 것에 주의하자. 이때의 if는 '만일 ~라면'이라는 가정을 뜻하는 if와는 다른 것이다.

· 그가 여기에 왔는지 아닌지
   → if/whether + 그가 여기에 왔다
   → if   he came here
   = whether he came here (or not)

의문사로 명사절 만들기

위에서 사용된 that이나 if, whether의 자리에 의문사(when/where/how...)를 넣으면 된다. 뜻은 '언제 ~하는지, 무엇을 ~하는지'와 같이 되는데, 이와 같이 명사절을 이끄는 의문사 뒤에는 의문문에서와 달리 주어와 동사가 순서대로 온다는 것에 주의하자.

· 언제 그가 여기에 왔는지
   → 언제 + 그가 여기에 왔다
   → when   he came here

이해를 돕는 문제

01. 그가 은행원이었다는 것
02. 내일 비가 올지 안 올지
03. 언제 그가 올 것인지

ㄴ. 단어 | banker 은행원 | rain 비가 오다

해설

01 | 그가 은행원이었다는 것

→ that + 그는 은행원이었다
         be동사+은행원

→ that he was a banker.

02 | 내일 비가 올지 안 올지
→ if/whether + 내일 비가 올 것이다
→ if it will rain
→ **whether it will rain (or not) tomorrow.**

03 | 언제 그가 올 것인지
→ when + 그가 올 것이다
→ **when he will come.**

KEY POINT

    요약하면 명사절은 주어와 동사로 시작하는 문장을 만드는 것과 똑같은 방식으로 만들되, 맨 앞에 that이나 if/whether, when과 같은 단어를 덧붙이면 되는 것이다. 이러한 명사절은 문장에서 명사와 똑같이 주어, 목적어, 보어와 같은 역할을 한다.

영작하기

01. 그가 그 시험을 통과하리라는 것

    → _____

02. 그가 최고의 비즈니스 파트너였다는 것

    → _____

03. 그녀가 외국에서 일한 적이 있다는 것

　　→ _____

04. 그 회사가 망하리라는 것

　　→ _____

05. 그가 취직을 할 수 있는 것

　　→ _____

06. 한국의 경제가 회복될 것인지 아닌지

　　→ _____

07. 그가 내일 회의를 참석할 수 있는지 없는지

　　→ _____

08. 그가 나한테 전화를 했는지 아닌지

　　→ _____

09. 그가 공부를 하고 있는지 아닌지

　　→ _____

10. 그것이 사실인지 아닌지

　　→ _____

11. 언제 그 회의가 시작될 것인지

　　→ _____

12. 그가 언제 돌아올 것인지

　　→ _____

13. 왜 그가 취직을 안 하는지

    → _____

14. 언제 내가 그의 사무실을 방문할 수 있는지

    → _____

ㄴ. **단어** | **pass** 합격하다, 통과하다 | **exam** 시험 | **the best** 최고의 | **business partner** 비즈니스 파트너 | **abroad** 해외에(로) | **company** 회사 | **go bankrupt** 망하다, 파산하다 | **economy** 경제 | **recover** 회복하다 | **call** 전화하다 | **true** 사실, 사실인 | **start** 시작하다 | **come back** 돌아오다 | **visit** 방문하다

눈으로 확인하기

01. <u>that he will pass the exam</u>
    ~는 것 + 그가 그 시험을 통과할 거다

02. <u>that he was the best business partner</u>
    ~는 것 + 그가 최고의 비즈니스 파트너였다

03. <u>that she has worked abroad</u>
    ~는 것 + 그녀가 외국에서 일한 적이 있다

04. <u>that the company will go bankrupt</u>
    ~는 것 + 그 회사가 망할 거다

05. <u>that he can get a job</u>
    ~는 것 + 그가 취직할 수 있다

06. <u>if Korean economy will recover</u>
    ~인지 아닌지 + 한국의 경제가 회복될 것이다

07. **if he can attend the meeting tomorrow**
～인지 아닌지 + 그가 내일 회의에 참석할 수 있다

08. **if he called me**
～인지 아닌지 + 그가 내게 전화했다

09. **if he is studying**
～인지 아닌지 + 그가 공부하고 있다

10. **if it is true**
～인지 아닌지 + 그것이 사실이다

11. **when the meeting will start**
언제(～인지) + 그 회의가 시작될 것이다

12. **when he will come back**
언제(～인지) + 그가 돌아올 것이다

13. **why he doesn't get a job**
왜(～인지) + 그가 취직을 안 한다

14. **when I can visit his office**
언제(～인지) + 내가 그의 사무실을 방문할 수 있다

Chapter 2

그가 올지 안 올지 의심스럽다
It is doubtful if he will come.

이번에는 앞에서 만든 명사절로 문장을 만들어보자. 명사절은 문장에서 주어, 목적어, 보어의 역할을 한다. 이것은 'to+동사원형'이 '~하기'라는 명사의 뜻일 때, 문장에서 주어, 목적어, 보어 역할을 했었던 것과 마찬가지로 생각하면 된다.

주어 역할을 하는 명사절

명사절이 주어 역할을 할 때는 3인칭 단수 취급을 한다.

· 그가 여기에 올 거라는 것은 확실하다.
　　(주어: that he will come here)

→ That he will come here is certain.

'~하기'의 'to+동사원형'에서도 그랬듯이, 주어 부분이 너무 길어지면 문장의 균형이 깨지기 때문에, 긴 주어는 맨 뒤로 빼고, 대신 그 자리에 가짜 주어 'It'을 놓아야 한다.

· That he will come here is certain.
　　　　↓
It is certain that he will come here.
가짜주어　　　　진짜주어

목적어 역할을 하는 명사절

'누가 무엇을 하다'의 주어와 동사 다음에 〈무엇을/누구를?〉이라고 생기는 질문의 대답을 목적어라고 한다. 우리말 문장에서 '을/를'이 붙어 있는 말을 목적어로 보면 된다.

· 나는 그가 은행원이라는 것을 안다.
　　(목적어: that he is a banker)

　→ 나는 안다 + 〈무엇을?〉 그가 은행원이라는 것
　→ I know that he is a banker.

보어 역할을 하는 명사절

보어란 문장에서 be동사 바로 다음에 오는 명사를 말하는데, 이때의 명사는 문장의 주어와 동격을 이룬다. 우리말의 '~것이다'라는 표현을 영어로 'be동사+~것'으로 나타내며, 이때의 '~것'이 바로 보어인 것이다.

· 문제는 그가 취직을 할 수 없다는 것이다.
　　(보어: that he cannot get a job)

　→ 문제는 ~이다 + 그가 취직을 할 수 없다는 것
　→ The problem is that he cannot get a job.

이해를 돕는 문제

01. 그가 올지 안 올지가 의심스럽다.
02. 나는 그가 올지 안 올지 궁금하다.
03. 문제는 그가 올지 안 올지다.

ㄴ 단어 | doubtful 의심스러운 | wonder 궁금하게 여기다 | question 문제

해설

01 | 그가 올지 안 올지가 의심스럽다.
- 주어가 너무 길어서 뒤로 빼고, 그 자리에 가짜주어 'It'을 넣는다.
- It + 의심스럽다 + 그가 올지 안올지
  be동사+의심스러운   if/whether + 그가 올 것이다

→ It is doubtful if he will come.

= It is doubtful whether he will come or not.

02 | 나는 그가 올지 안 올지 궁금하다.
- 나는 궁금하게 여긴다 + 〈무엇을?〉 그가 올지 안 올지
  I wonder   if / whether + 그가 올 것이다.

→ I wonder if he will come.

= I wonder whether he will come or not.

03 | 문제는 그가 올지 안 올지다.
- be동사 + 그가 올지 안 올지
         if/whether + 그가 올 것이다

→ The question is if he will come.

= The question is whether he will come or not.

KEY POINT

동사 wonder는 '궁금하다'로 해석되는 것이 제일 간단하지만 원래는 '(궁금해서) 알고 싶다', '궁금하게 여긴다'와 같은 의미이다. 따라서 그 뒤에는 〈무엇을?〉이라는 목적어가 생기는 동사이다.

영작하기

01. 그가 그 시험에 합격하리라는 것은 확실하다.
    → _____

02. 한국의 경제가 회복될 것은 확실하다.
    → _____

03. 그가 그 회의에 참석할 것인지 아닌지는 중요하지 않다.
    → _____

04. 그것이 사실인지 아닌지가 의심스럽다.
    → _____

05. 그가 직장을 그만둔 것이 이상하다.
    → _____

06. 나는 그녀가 외국에서 일한 적이 있다는 것을 안다.
    → _____

07. 나는 그가 우리의 제의를 받아들일지 아닐지 궁금하다.
    → _____

08. 그가 내일 회의를 참석할 수 있는지 없는지 그에게 물어봐 주세요.
    → _____

09. 나는 그 회의가 언제 시작될 것인지 궁금하다.
    → _____

10. 내가 언제 그의 사무실을 방문할 수 있는지 그에게 물어봐 주세요.
   → _____

11. 나의 희망은 나의 아버지가 담배를 끊는 것이다.
   → _____

12. 문제는 그가 취직을 하고 싶어하지 않는 것이다.
   → _____

13. 중요한 것은 그가 우리의 제의를 받아들이지 않을 거라는 것이다.
   → _____

14. 문제는 한국의 경제가 회복될 것인지 아닌지이다.
   → _____

ㄴ. **단어** | certain 확실한 | pass 합격하다, 통과하다 | exam 시험 | economy 경제 | recover 회복하다 | attend 참석하다 | matter 중요하다 | true 사실, 사실인 | doubtful 의심스러운 | quit(quitted) 그만두다(그만두었다) | strange 이상한 | accept 받아들이다 | offer 제의 | ask 물어보다 | start 시작하다

Help

01 | 우리말로 '취직하다'는 영어로 '직업을 얻다'로 직역되는 표현인 get a job이다.

02 | '~해라' 또는 '~하세요'라는 명령문은 주어를 없애고 바로 동사를 맨 앞에 위치시키면 되는데, 이때의 동사는 원형으로 한다. 이러한 명령문에서는 주로 please제발라는 말을 덧붙여 부탁의 의미를 더한다.
   · Please go home. 집에 가세요.

눈으로 확인하기

01. <u>It</u> is certain <u>that he will pass the exam</u>.
    가짜주어   주어 역할을 하는 명사절

02. <u>It</u> is certain <u>that Korean economy will recover</u>.
    가짜주어   주어 역할을 하는 명사절

03. <u>It</u> doesn't matter <u>if he will attend the meeting</u>.
    가짜주어   주어 역할을 하는 명사절
   = It doesn't matter whether he will attend the meeting (or not).

04. <u>It</u> is doubtful <u>if it is true</u>.
    가짜주어   주어 역할을 하는 명사절
   = It is doubtful whether it is true (or not).

05. <u>It</u> is strange <u>that he quit the job</u>.
    가짜주어   주어 역할을 하는 명사절

06. I know <u>that she has worked abroad</u>.
             목적어 역할을 하는 명사절

07. I wonder <u>if he will accept our offer</u>.
              목적어 역할을 하는 명사절
   = I wonder whether he will accept our offer (or not).

08. Please ask him <u>if he can attend the meeting tomorrow</u>.
                    목적어 역할을 하는 명사절
   = Please ask him whether he can attend the meeting tomorrow (or not).

09. I wonder <u>when the meeting will start</u>.
              목적어 역할을 하는 명사절

10. Please ask him <u>when I can visit his office</u>.
    목적어 역할을 하는 명사절

11. My hope is <u>that my father quits smoking</u>.
    보어 역할을 하는 명사절

12. The problem is <u>that he doesn't want to get a job</u>.
    보어 역할을 하는 명사절

13. The thing is <u>that he will not accept our offer</u>.
    보어 역할을 하는 명사절

14. The question is <u>if Korean economy will recover</u>.
    보어 역할을 하는 명사절
    = The question is whether Korean economy will recover (or not).